鉴石天下系列之二

行家这样买

投资不打眼的实用宝典

天然玛瑙石

《鉴石天下》编委会 编著

青岛出版社 QINGDAO PUBLISHING HOUSE
国家一级出版社
全国百佳图书出版单位

图书在版编目（CIP）数据

行家这样买天然玛瑙石 /《鉴石天下》编委会编著 . - 青岛：青岛
出版社，2015.3

（鉴石天下系列之二）

ISBN 978-7-5552-1439-7

Ⅰ．①行… Ⅱ．①鉴… Ⅲ．①玛瑙－投资②玛瑙－鉴赏③玛瑙－收
购 Ⅳ．① F724.787 ② TS933.21 ③ G894

中国版本图书馆 CIP 数据核字（2015）第 004696 号

行家这样买天然玛瑙石
投资不打眼的实用宝典

编 著 者	《鉴石天下》编委会
策 划	中海盛嘉
出版发行	青岛出版社
社 址	青岛市海尔路182号（266061）
本社网址	http://www.qdpub.com
邮购电话	13335059110　0532-68068820（传真）　0532-68068026
责任编辑	郭东明 程兆军 E-mail：qdgdm@sina.com
装帧设计	中海盛嘉
印 刷	山东鸿杰印务集团有限公司
出版日期	2015年3月第1版 2015年3月第1次印刷
开 本	16 开（787mm×1092mm）
印 张	14
字 数	300千
书 号	ISBN 978-7-5552-1439-7
定 价	79.00 元

编校质量、盗版监督服务电话 40065322017　（0532）68068670

青岛版图书售后如发现质量问题，请寄回青岛出版社印务部调换。电话：0532-80998826

前 言
Foreword

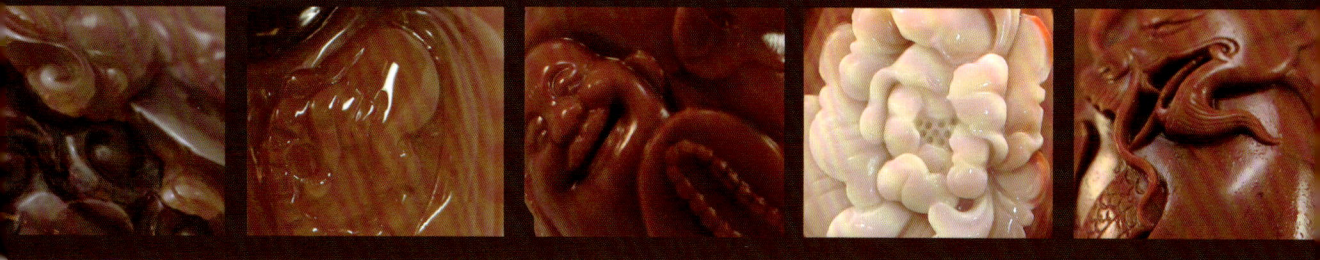

　　玛瑙是全世界出产最丰富的宝石之一，巴西、乌拉圭、马达加斯加、印度、美国、英国、法国、墨西哥、纳米比亚、希腊、埃及、俄罗斯、日本等国都有产出。中国也是一个玛瑙资源十分丰富的国家，目前已在黑龙江、吉林、辽宁、内蒙古、河北、山西、甘肃、宁夏、新疆、山东、江苏、浙江和台湾等省区发现了玛瑙产地。

　　千种玛瑙万种玉，玛瑙不但资源丰富，种类也非常多。按照颜色划分，玛瑙可分为红玛瑙、蓝玛瑙、紫玛瑙、酱斑玛瑙、绿玛瑙、白玛瑙、黑玛瑙、黄玛瑙、胆青玛瑙（也叫鬼面青）等。按纹带构造划分，具有细纹带构造的叫缠丝玛瑙，纹带较宽的叫带状玛瑙。按照内部构造和质地特点，玛瑙还可分为水胆玛瑙、火玛瑙、昙玛瑙、城砦玛瑙、苔鲜玛瑙、竹叶玛瑙等。

　　虽然产量和种类较多，但人们并未遵循"物依稀为贵"的原则，在很早以前就将玛瑙当做珍奇异宝来赏玩。中国考古发现最早的玛瑙玉髓制品，是8000多年前的内蒙古自治区敖汉旗兴隆洼文化时期的一枚白色玉髓玦饰。另外，在7600年前的查海遗址中也出土了用玛瑙打制的刮削器。由此可见，在中国史前玉器文化历史进程中，玛瑙制品和其他广义玉器的制作使用过程基本上处于同步状态。

　　从原始社会开始，中国人对玛瑙的喜爱和赏玩几乎贯穿整个人类的历史。到了今天，玛瑙依旧是珠宝行里最热销的宝玉石之一，玛瑙中的南红、战国红掀起的市场热浪一阵高过一阵。

　　玛瑙不但用来收藏佩戴，还有很高的药用价值。中医界认为，玛瑙味辛性寒无毒，可用于眼科目生障翳者，用玛瑙研末点之，疗效很好。

　　本书从玛瑙的形成、分类、雕刻特点、市场走势、投资方法等入手，采用文字和大量图片相结合的方式，为玛瑙爱好者和投资者提供了一种鉴玛瑙、识玛瑙的视角。

《鉴石天下》编委会

目录

Contents

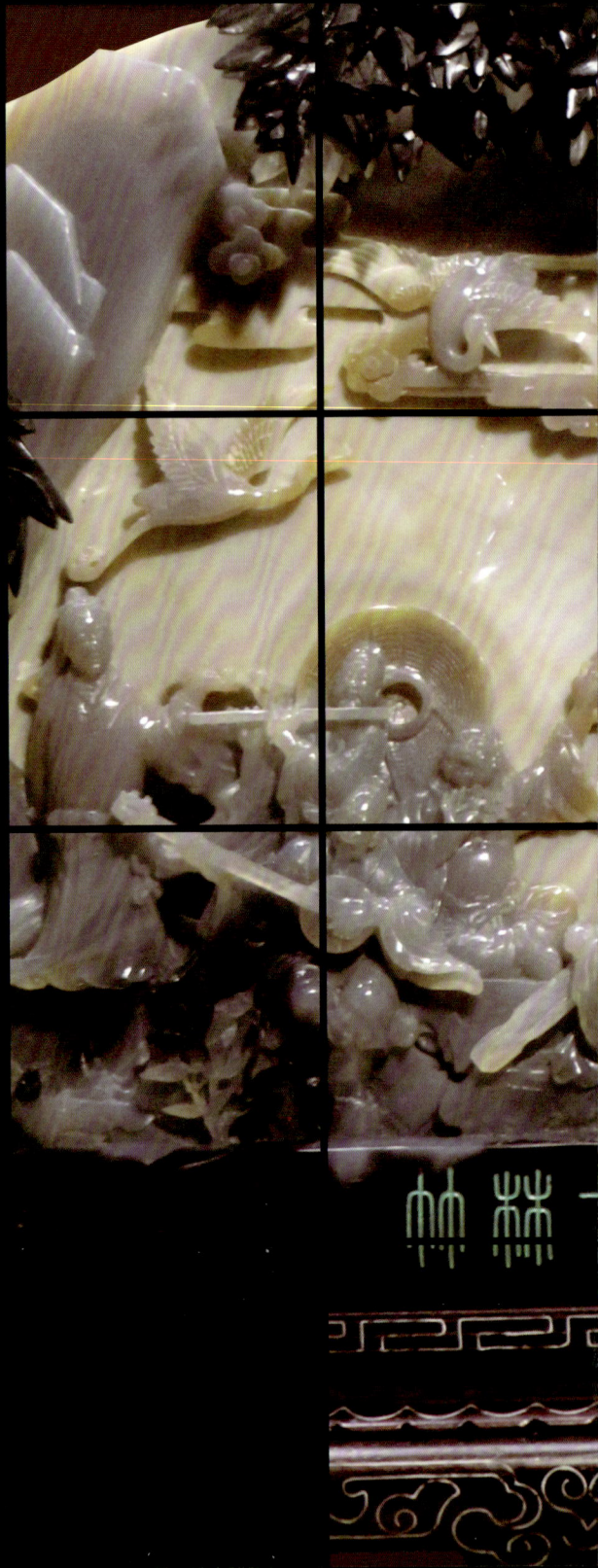

第三章
南红玛瑙
收藏市场的潜力股

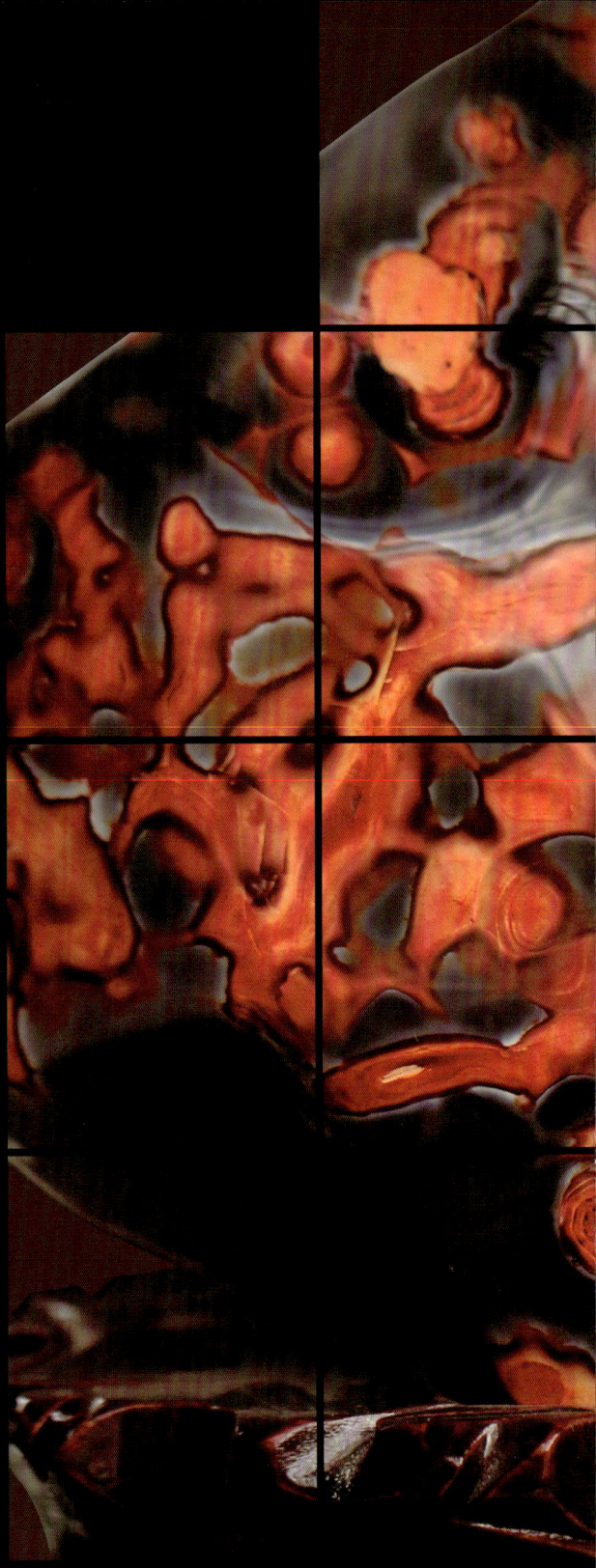

喜鹊登梅幸福来挂坠·玛瑙

尺　寸　3.6厘米×4.4厘米

第一章

跟着行家买玛瑙，

轻松收藏不吃亏

玛瑙的真相，认清本质好投资

玛瑙的英文名为Agate，是意大利西西里的阿盖特河（Achates）的拉丁文名称，阿盖特河也是意大利首次发现玛瑙的地方。

受人追捧的四宝之一

在珠宝玉石的消费中，玛瑙作为其中的一个门类从古到今都是人们追捧的对象，近年来显得越发热络。从南红、战国红到"阿拉善"，各种玛瑙最近几年可谓是轮番上阵，人们对此也是乐此不疲。追寻其中的原因，除了市场上的炒作因素外，人们追捧玛瑙的原因还有其质地细腻，颜色艳丽的特性以及悠久的历史。

作为中国的传统"四宝"（珍珠、玛瑙、水晶、玉石）之一，玛瑙在中国又称为马脑、文石。古代印度人看到玛瑙的颜色和形状很像马的脑子，所以梵语称其为"阿斯马加波"，翻译成中文就是"马脑"的意思。佛教的《大阿弥陀经》古籍把它与金、银、琉璃、珊瑚、琥珀、砗磲列为"佛教七宝"。后因"马脑"属于玉类宝石，于是改为"玛瑙"。三国时期的魏文帝曹丕（187～226）对玛瑙有比较详细的论述。建安十二年（207年）曹丕随父亲曹操北征乌桓部落时，途经内蒙和辽西朝阳等地，当地人为了庆祝曹氏父子胜利于是就献上玛瑙酒杯一对，其外观通透晶莹，红似朝霞。曹丕接过玛瑙杯后大喜，乘着胜利的激情挥毫写了一篇《马脑勒赋》，对玛瑙这种玉石大加赞赏，该赋流传至今。赋序曰："玛瑙玉属也，出西域，纹理交错，有似马脑，故其方人因以名之。命夫良工，是剖是镌，追形逐好，从

美国玛瑙原石

尺　寸　12厘米×12厘米

宜索便，乃如砥砺，刻方为圆，沈光内照，浮景外鲜，繁文缛藻，文采接连"。

奉为辟邪之物

中国的古人还认为玛瑙是避邪之物，所以用它制作成各种佩饰挂在身上。晋代文学家王嘉的神怪小说《拾遗记·高辛》记载："玛瑙者，言是恶鬼之血凝成此物。""丹丘之野多鬼血，化为丹石，则玛瑙也。不可斫削雕琢，乃可铸以为器也。当黄帝时，玛瑙瓮至，尧时犹存，甘露在其中，盈而不竭，谓之宝露，以班赐群臣。至舜时，露已渐减。"当时之所以将玛瑙看做是鬼血化身，主要是由于玛瑙，特别是红缟玛瑙的外形纹路奇特，很像古代壁画上的妖魔鬼怪。书中记载虽有些荒唐，但古人认为用鬼血凝成的玛瑙，制成饰物用来佩带，可成为辟邪呈祥之物，这种风尚一直流传至今。

捍卫爱情的珍品

在现代，一些珠宝商人出于营销目的，还给玛瑙的诞生编造了很多爱情故事：相传古希腊神话中代表着爱和美的女神阿佛洛狄，躺在树荫下熟睡时，她的儿子爱神厄洛斯，偷偷地把她闪闪发光的指甲剪下来，并欢天喜地拿着指甲飞上了天空。飞到空中的厄洛斯，一不小心把指甲弄掉了，而掉落到地上的指甲变成了石头，就是玛瑙。因此有人认为拥有玛瑙，可以强化爱情，调整自己与爱人之间的感情。

玛瑙不但受中国人喜爱，在世界其他国家也是人们的珍爱之物。日本的三大神器之一"八尺琼勾玉"，据说就是由一块外形像尖辣椒一样的绿色玛瑙制作而成的，其他两大神器分别是八咫镜和草薙剑。按照日本的第一本神话作品《古事记》记载，八咫镜是石凝姥神制作的，用来引诱天照大神走出天石窟的宝物；草薙剑是须佐之男神杀死八歧大蛇后，从大蛇的尾巴里取出的，是献给天照大神的宝物；勾玉是玉祖梛明玉命制作的，用于在天石窟前祭奠，是和八咫镜一起被挂在常绿树上的宝物。"镜、玉、剑"大约在7世纪被定为日本天皇的象征，从此便享有盛名。每当新天皇即位，立即接受这三件宝物，作为天皇护身之物，始终置于天皇身边。这一点和中国古代皇帝的传国玉玺有些类似。

法国玛瑙原石
尺　寸　10厘米×10厘米

德国玛瑙
尺　寸　8厘米×12厘米

英国玛瑙盖盒
尺　寸　直径2.5厘米
鉴石要点　用晶莹玛瑙制成，圆形，光滑匀净的自然肌理如荔枝一样润泽细腻，生趣斐然。

玛瑙的历史，伴随整个人类发展史

玛瑙不但用于日常生活器皿和装饰佩戴，更是一味疗效浪高的中药，可谓是集观赏、使用、药用于一身。从古到今，玛瑙都是中国玉文化浪重要的一个分支。从春秋战国时期开始，人们就将玛瑙制成串饰。此后，对玛瑙的喜爱之风经久不绝，一直流行到了现代。各种玛瑙制品也是层出不穷，从装扮生活到把玩观赏再到投资收藏，玛瑙的消费热一浪比一浪高。

最早的玛瑙制品

由于玛瑙天然的纹理、美丽的色泽，人们从认识之初就把它制成装饰品，对其倍加宠爱。中国人把玩玛瑙的历史悠久，目前我国考古发现最早的玛瑙玉髓制品，是8000多年前的内蒙古自治区敖汉旗兴隆洼文化时期的一枚白色玉髓玦饰。另外，在7600年前的查海遗址中也出土了用玛瑙打制的刮削器。由此可见，在我们史前玉器文化历史进程中，玛瑙制品和其他广义玉器的制作使用过程基本上处于同步状态。

象征着史前文明

在距今五六千年的红山文化遗址里，也曾发掘出用玛瑙制成的刀、箭等使用器皿。中国的考古人员还在辽宁阜蒙县化石戈乡出土过红山文化时期玛瑙制作的细石器，阜新辽墓也出土过玛瑙围棋制品。福建省源古历史博物馆藏有一件"红山文化玛瑙太阳神"，该件玛瑙太阳神为蝉与牛面人身的复合器型。太阳神被视为万物之神，是红山先民宗教崇拜思想的集中体现。他们通常将多种图腾崇拜集于一身，寄托自身对神的敬仰和对五谷丰登、生命平安

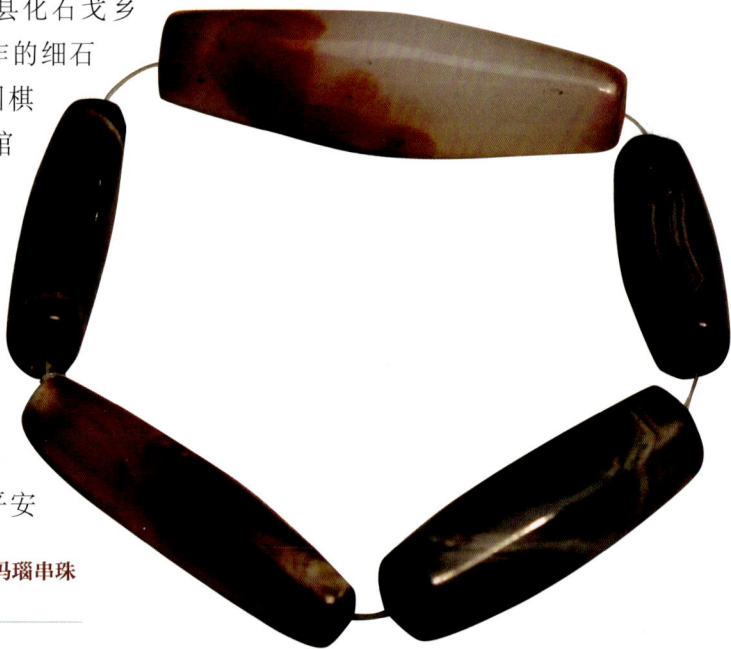

西汉·橄榄形红花玛瑙串珠

尺　寸	长3.8厘米
鉴石要点	5粒。

等的企盼。该件太阳神表现为巫师在祭祀过程中头顶蝉和牛面的萨满昏迷状态，表达先民对牛和蝉的崇拜。

中国史前文化大致分成南北两部分，北方以兴隆洼文化、红山文化为主，南方以凌家滩文化、良渚文化为主。不同的地域，流行的玛瑙制品也有很大的差异，北方玛瑙制品主要有早期的的玛瑙箭镞、玛瑙玦、玛瑙环。

南方马家浜文化遗址出土数量较多的玛瑙璜、玉髓玦饰和少量的玛瑙镯；南京北阴阳营文化遗址出土的玉髓、玛瑙制品有20余件，器型以玛瑙玦和玛瑙璜为主；浙江良渚文化遗址也曾出土少量玉髓管；安徽含山凌家滩遗址出土过大量玛瑙制品，比较罕见的有圆雕玛瑙猪和玛瑙钺。

鸳鸯组合·葡萄玛瑙

尺　寸　25厘米×20厘米×13厘米；19厘米×10厘米×11厘米
鉴石要点　这一对戈壁玛瑙的鸳鸯组合造型十分奇妙，雄的稍前，雌的在后。雌鸳鸯是农妇一样的朴素，圆形的小头颅微缩着，紧傍在雄鸳鸯的身后；雄鸳鸯和雌鸳鸯完全不同，它的头高高仰起，头上有冠，冠上是赤红色的长毛，两边华丽的翅翼，像开在春天里的美丽花朵，鲜艳的色彩比珊瑚还要灿亮。它们不离不弃，是那样的平和安静，竟仿若它们和人间全然无涉，一直要往远方无止境地游去。

"礼"的最高境界

商周时期，是玉文化的一个转折点，玉器进入了"礼"的最高境界，表现出礼制化的风格，玉器与政治、宗教、道德、文化融为一体，体现血缘制度，赋以爵位等级而政治化。玛瑙制品的形制也随着这种玉器风潮出现了较大的变化，人们开始大量磨制各类玛瑙珠子、管串用以佩戴装饰。1974年出土的北京房山琉璃河西周燕国墓地就发现玛瑙珠管110颗。河南平顶山西周墓出土的胸饰，主体是刻有龙首纹的梯形玉牌，但下面四组珠管，是以玛瑙材质为主，玛瑙珠与玉珠间隔串连，整体设计新颖别致。

周王室衰亡之后进入春秋战国时期，诸侯逐鹿，思想上诸子学说百家争鸣，社会

变革加剧。现代考古人员出土了这个时期大量的玛瑙制品，如玛瑙环、玛瑙珠管、水晶环、水晶珠管等佩饰用品兴然而起，此风一直延续到战国晚期。1986年4月，在距苏州城西20千米，海拔22.5米的严山东麓出土了一批春秋时期吴国王室窖藏玉器，其中就有"琼瑰"玉髓管，为春秋时期玛瑙饰品，这种材质类似于现在的"南红"。战国时期，还特别流行一种红缟玛瑙，1974年河北省平山县出土的战国时期中山国国王墓发掘出玛瑙项链两串，其中一串222粒，另一串74粒，均为管形，最为可贵的是这些珠子都是红缟玛瑙琢成，至今依然五光十色，熠熠生辉。这也为当下市场热炒"战国红"提供了历史依据。

东晋葛洪所著的古代笔记体小说集《西

京杂记》记载："武帝时，身毒国献连环羁，皆以白玉作之，马瑙石为勒，白光琉璃为鞍。鞍在暗室中常照十余丈，如昼日。自是，长安始盛饰鞍马，竞加雕镂。"其意思大致是说，西汉武帝刘彻在位时，印度向大汉帝国进贡，贡品为连环羁，上面装饰了玛瑙等物。这种使用玛瑙装饰的连环羁当时还在长安城内引领了一股"赛鞍"风潮，一时间皇宫贵族都以把玩玛瑙为乐。

隋唐时期代表着财富与权力

隋代崇尚玛瑙之风更盛，据唐代史学家杜佑所著的《通典》卷《边防七》里记载："隋炀帝时，遣侍御史韦节、司隶从事杜行满使于西番诸国，至罽宾得玛瑙杯，王舍城得佛经，史国得十舞女、狮子皮、火鼠毛而还。帝复令裴矩于武威张掖间，往来以引致之，皆啖以厚利，令转相讽谕。"其意思是说，隋炀帝派遣韦节、杜行满出使西域各国，二人在罽宾（汉唐时主要指卡菲里斯坦至喀布尔河中下游之间的河谷平原）得到国礼玛瑙杯……玛瑙器物作为国礼周旋于国与国之间，可见其在当时的地位已经是非同寻常了。

1970年10月，考古人员在西安市南郊何家村发现两陶瓮及一提梁罐唐代窖藏文物，除了发现270件唐代金银器皿之外，发现的玉器、宝石等是迄今为止发现的唐代玉器数量最丰、品位最高的一批，其中包括兽首玛瑙杯和两件玛瑙长杯，而且两件玛瑙长杯置于提梁罐内，罐盖内有墨书注明存放物品的名称，"玉杯一、玛瑙杯二、琉璃杯碗各一"。金兽首玛瑙杯现藏于陕西历史博物馆，它是至今所见唐代唯一的一件俏色玉雕，也是唐代玉器做工最精湛的一件。这件唐玛瑙兽首杯通高6.5厘米，长15.6厘米，口径5.9厘米。材质为酱红地夹橙黄、乳白色玛瑙，层次分明，晶莹鲜润。制作采用圆雕技

辽·八棱形玛瑙洗

尺　寸　6厘米×6厘米

鉴石要点　外观呈八棱形，由一整块天然玛瑙掏膛而做，之后经过打磨抛光，精制而成。

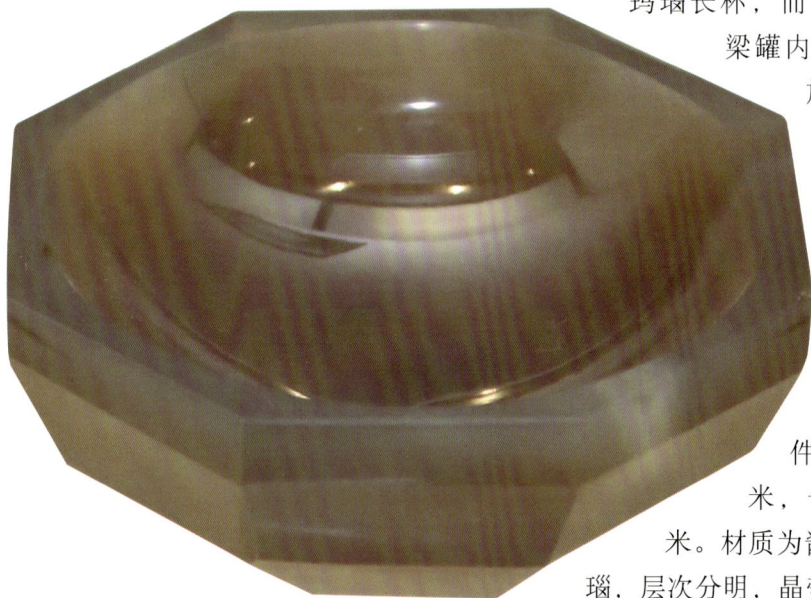

法，造型生动优美。这件国之重宝，象征着财富和权力，是
一件高贵的艺术品，同时它也很可能是中西亚某国进奉唐朝
的国礼，意义非同一般，是在东西方文明碰撞
的火花中诞生的一件重要
文物。

唐人格外衷情
玛瑙酒具，在上层
人物的饮酒具中，常
常有它，在唐诗中也多有
描绘。唐代诗人钱起的《玛
瑙杯歌》一诗称："瑶溪碧岸生
奇宝，剖质披心出文藻。良工雕饰明且
鲜，得成珍器入芳筵……宁及琢磨当妙
用，燕歌楚舞长相随。"其他还有孟浩然的"绮席卷龙
须，香杯浮玛瑙"。杜甫的"春酒杯浓琥珀薄，冰浆碗碧
玛瑙寒"。白居易的"尖削琅玕笋，洼剜玛瑙罍"。李商
隐的"半展龙须席，轻斟玛瑙杯"。不过，现时官方考古
出土的唐代玛瑙制品不多，比较著名的就是陕西历史博物
馆馆藏的兽首玛瑙角杯，从材质特点、器形特征来看应该
是出自西域工匠之手，作为中西亚文化交流的使者从西域
来到中国。据《旧唐书·高宗上》载：永徽五年（654年）
"十二月癸丑，倭国献琥珀、玛瑙，琥珀大如斗，玛瑙大如
五斗器"。《旧唐书·波斯传》也载波斯曾遣使献玛瑙床。

辽·海棠花形白玛瑙杯

尺　寸　8厘米×4.5厘米

鉴石要点　由白玛瑙制作而成，杯口部呈椭圆形，外形呈海棠形，俯视似花瓣绽放，腹壁弧曲内收，高圈足。整个器体光素无花纹。

宋元时期的鼎盛繁荣

到了宋代，对玛瑙材质的选用已经开始大量使用国外进
口的。宋朝出口货物包括丝绸、瓷器、糖、纺织品、茶叶、
五金，进口货物包括象牙、珊瑚、玛瑙、珍珠等。宋代杜绾
所著的《云林石谱》一书，是现存最早的一部赏石专著，书
中介绍了116种奇石，而其中有8种是玛瑙石，所占比例最
大。可见在宋代，玛瑙已经从宫廷的"庙堂之高"流行到了
民间的"江湖之远"，成了一种人们喜闻乐见的观赏石种。

辽金以及元代的玛瑙使用和制作进入一个繁荣期，契丹
族人、金代女真族人，还有元代的蒙古族人，对玛瑙制品似
乎有与生俱来的特殊喜好，所以在辽宁、内蒙古一带发现了
大量辽金元时期的玛瑙制品，除了制作马具饰品、臂韝等生
活用具外，还有大量的玛瑙珠串佩饰。

封建社会，为了保持帝王的威严，很多珍贵的东西皇帝还是喜欢自己把玩，不愿与民同乐。于是，到了辽金时代，玛瑙在这一时期被钦定为帝王贵胄专用的瑰宝，朝廷颁布法令明文规定百姓不准使用玛瑙器皿及用之装饰刀把和刀鞘，这使得民间把玩玛瑙的风尚受到明显的抑制。

辽宁省朝阳市博物馆珍藏着一套精致的辽代玛瑙围棋，表面光滑明洁，子粒均匀，色彩鲜明，在目前中国国内发现的古代围棋中，品相之好令人惊叹。这副围棋是1967年5月在朝阳市纺织厂大门南约40米处的一座辽墓中出土的，墓主人名叫常遵化，辽圣宗统和二十五年(公元1007年)被授辽西州刺史。这副围棋是在常遵化墓中的一件陶钵内发现的，共372粒。棋子共分黑白两色，各为186粒。棋子呈扁圆形，大小不太一致，小的直径为1.6米，大的直径为1.8米，经鉴定，棋子为玛瑙石磨制而成，是我国目前出土的围棋子中保存较好的。无独有偶，在赤峰辽墓、朝阳北塔天宫中均发现过辽代玛瑙围棋，说明这一时期的人们喜爱围棋游戏。内蒙古通辽市奈曼旗1986年发掘出辽代陈国公主与驸马合葬墓，其中出土玛瑙饰品、玛瑙碗、玛瑙盅，碗呈红色，半透明，腹面没有雕饰,保持自然纹理。盅为白色,素身。

元代继承了金代的传统，把玛瑙的利用推向更加鼎盛的时期，据《元史》记载，元十四年，元代在宫廷中专门设置了"玛瑙玉局,大使、副使各一员，直长二员"，专为帝王贵胄制作玛瑙等玉器，以供赏玩。玛瑙玉局后来又升格为"提举司"。如现藏于台北故宫博物院的元代第八代皇帝——元文宗画像，文宗的脖子上就搭配了一串镂空金珠的阴刻线瓜棱玛瑙珠，既可用于系帽子，也算是一种珠宝装饰。

清·玛瑙花瓶

尺　寸　高16厘米

鉴石要点　由一整块玛瑙雕琢而成，工艺为俏色留皮巧雕，充分利用玛瑙的颜色和纹理变化，雕刻成松树和双鹿造型，寓意福禄寿。

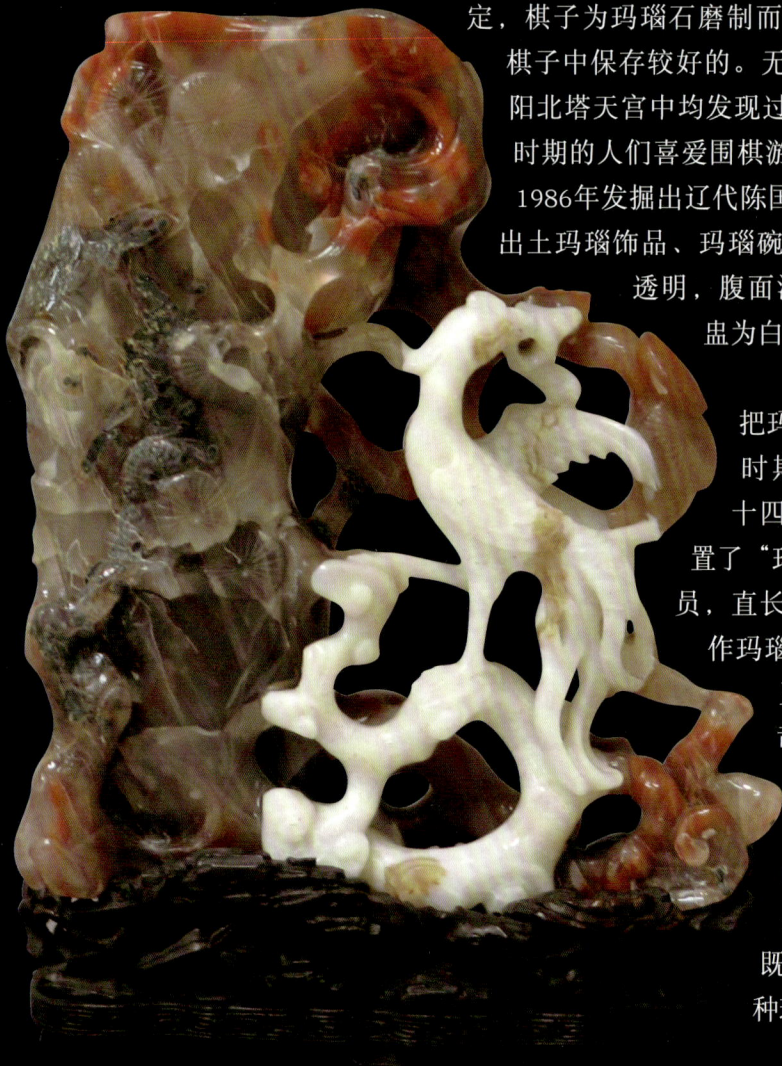

明清时期走入百姓家

　　明清时期玛瑙更为盛行，这一时期对玛瑙的使用已经不限于宫廷，很多市井百姓都可以佩戴或者使用玛瑙制品。玛瑙的制作工艺也有了很大进步，人们将雕琢玉器的技艺运用到了玛瑙上面，大到山子、插屏、香薰等摆件，小到勒子、鼻烟壶、戒指等，各种类型的玛瑙制品层出不穷，迄今仍有不少当时的玛瑙制品流传下来。明清以来，很多殷实人家基本上每家每户都有玛瑙，或作为传家器物，或用于佩戴、收藏用。比如手链、项链、脚链、戒指、摆件等，但以佩饰为主。

清·硕果累累玛瑙摆件

尺　寸　11厘米×20厘米

鉴石要点　选用上等玛瑙雕琢为三连体形，莹润的质地配以莲蓬造型，使得整个作品显得格外素雅清新。

清乾隆·双鱼玛瑙鼻烟壶

尺　寸　高8厘米

鉴石要点　鼻烟壶是一种人见人爱的收藏品，它精巧玲珑，工纯艺精，形制娇小，摩挲把玩于掌中，令人趣味无穷。壶身用黄色玛瑙雕琢成双鱼造型，用绿玛瑙做壶盖，寓意连年有余。

清·鹤寿延年玛瑙摆件（正背）

尺　寸　6厘米×8厘米

鉴石要点　整器风格雍容华贵，敦厚肥泽。利用玛瑙自身的皮色雕出一红顶仙鹤造型，鹤身置一寿桃，打磨精细，良工精造。

据《清实录》中的"宫廷琐事"载，清代乾隆年间在辽宁阜新"开挖窑洞直六，窑两千人，南部设有商邑。"相传清代宫廷所用的玛瑙饰物的取材及其中一部分的加工皆来自阜新，阜新玛瑙成为朝廷供奉，阜蒙县七家子乡宝珠营子村就是乾隆皇帝御封的。

中国古人对玛瑙材料的使用大有讲究，他们认为玛瑙不红不行，全红也不行，只有红与黄、白、青色透纹相间，才是上好的材料。一个有意思的现象是，到了明清时代关于玛瑙的属性依旧争论不休，明代曹昭的《格古要论》里还认为它"非石非玉"。后来，同意玛瑙是玉器原料的逐渐占了上风，"玛瑙"的"玉属"才算尘埃落定。这一"玉属"的宽泛定论，与今天矿物学的界定大体上也算是一种合流。

玛瑙的形成，特殊的二氧化硅材质

玛瑙是具有层状构造的石英隐晶质体，是玉髓的一个亚种，其主要成分是二氧化硅（SiO_2）。常见的玛瑙产于上亿年前的火山岩系中，其成矿作用主要是岩浆热液蚀变和热液充填。玛瑙虽然坚硬锋利，但内部却有小的孔隙，这是因为玛瑙内部的石英微晶可呈粒状、针状、短纤维状等多种晶形，且常以较松散的状态混杂地堆积在一起，构成各种不同的结构，常见的有交织结构、放射状纤维结构、粒状纤维状结构和斑状等粒状结构等。这种特殊结构也决定了玛瑙的某些性质（如微透明，韧性好，渗透性好等）。

玛瑙的形成

由于玛瑙内部有小的孔隙，就造成其能渗入液体的条件。各地的玛瑙结构特点不同，孔隙大小不同，结果造成渗入液体也是有难有易。同一块玛瑙各层带间的孔隙也有不同，渗入液体也会有差异。比如，巴西玛瑙以交织纤维状结构为主，微孔隙度和孔隙连通性都是最高的，而新疆阿尔泰玛瑙除少数为细纤维结构外，多为粒状结构，微孔隙度和孔隙连通性都较差。

湖北鄂州玛瑙则介于二者之间。产生这种现象的原因，主要是由于玛瑙在形成时，外界条件的变化引起的。如果外界条件变化大，热液浓度高，二氧化硅急速冷却，那么就会形成粗质地的玛瑙；反之，如果外界条件变化慢，热液浓度低，二氧化硅慢速冷却，则大多会形成细腻玛瑙。

在玄武岩建造、中性火山岩建造、酸性凝灰岩建造以及残坡冲积碎屑建造中都有玛瑙矿床赋存。玛瑙矿体多呈层状、块状、椭圆体状、饼状、肾状、结核状、脉状等，块度大小不一。随着地壳以及自然界的运动，原生的玛瑙脱落而出，再经过山洪冲击，流水搬运，磨成卵石。

玛瑙原石
尺　寸　15厘米×12厘米×8厘米

阿拉善玛瑙手串

尺　寸　长2厘米
鉴石要点　10粒。

阿拉善玛瑙手串

尺　寸　长2.3厘米
鉴石要点　8粒。

阿拉善玛瑙手串

尺　寸　长2.1厘米
鉴石要点　7粒。

玛瑙矿床的成因

　　中国的玛瑙矿床成因类型大致有四种。

　　第一种是玄武岩热液充填型玛瑙矿床，系新生代火山硅质热液充填成矿。玛瑙充填于玄武岩裂隙中，呈网状、团块状分布，呈红、绿、紫色，有时含水胆、水晶晶洞。如内蒙古的莫力达瓦达斡尔族自治旗宝山镇五马架、乌拉特中旗白彦花、额济纳旗的玛瑙矿床，这些地区的玛瑙矿床成矿作用大多均为热液充填，储量巨大、颜色丰富，但建造产出时代各不相同。

　　第二种是安山质热液－沉积型玛瑙矿床，系石炭纪火山硅质热液充填或硅胶沉积成矿。矿体似层状、透镜状，长、宽各几百米，产于安山质岩系中。玛瑙呈白、红、灰、黑、紫、黄等色，具缟状构造。如新疆伊吾沙枣泉、辽宁阜新和凌源泉县、云南保山、黑龙江逊克－伊春一带的玛瑙矿床都属于此类。

　　第三种是酸性火山热液蚀变型玛瑙矿床，系侏罗－白垩纪火山热液蚀变硅化成矿。矿体似层状、透镜状，产在次生石英岩或珍珠岩的蒙脱石化带中。玛瑙呈白、红、黄等色，缟状构造，呈不规则圆球状，直径5～25厘米。江西金溪面前山、内蒙古海拉尔、江苏镇江南山玛瑙矿床均属此类。

第四种是坡积冲积型玛瑙矿床，系原生玛瑙坡积冲积富集成矿，很容易开发利用。如南京市六合区的玛瑙，《云林石谱》中就对其有较为详细的记载："六合县水中或沙土中出玛瑙石，颇细碎，有绝大而纯白者，五色纹如刷丝，甚温润莹澈，土人择纹彩斑斓处就巧碾成佛像。"另外，这种玛瑙矿床出产的玛瑙多呈红、白、绿色，有时具水胆。类似的还有河南南阳青龙沟、黑龙江逊克阿廷河玛瑙矿床。

玛瑙的矿物成分

纯二氧化硅形成的玛瑙石基本是无色的，玛瑙艳丽的颜色主要取决于内部所含的微量元素。玛瑙的主要矿物成分是玉髓，占矿物总量的94.88%～99.8%。但不同颜色的玛瑙内部含有的微量矿物成分不同，如黑玛瑙中的微量矿物是铁锰质和碳质，为锰、碳元素提供了来源，形成了黑色的玛瑙。

清·玛瑙花瓶摆件

尺　寸　15厘米×12厘米

鉴石要点　玛瑙的色泽与纹理灵动温润，采用圆雕技法雕琢成鹿、如意等造型，寓意吉祥。

白玛瑙中的微量矿物是钠云母、水云母及方解石，为钠、钙元素提供了来源，保持了原矿物的白色。

绿玛瑙中的微量矿物是绿泥石，为铝、镁、铁元素提供了来源，绿泥石的绿色改变了原玛瑙的颜色，在绿泥石相对集中的地方形成了绿色的条纹和圆环。

红玛瑙中的微量矿物是赤铁矿和褐铁矿，为氧化三价铁提供了来源，形成了红色的玛瑙。

在玛瑙的形成过程中,当化学成分稳定地以二氧化硅为主要组分的溶液持续供给,会形成块状构造的玛瑙;当二氧化硅溶液的化学成分发生周期性重复变化时,会形成韵律式缟状玛瑙。

玛瑙矿体的大小取决于二氧化硅溶液的供给是否充足。只有当富含二氧化硅的溶液向岩石已有的孔洞、裂隙或断裂带较长时间的持续供给,才能形成大的玛瑙脉矿。

清·梅枝玛瑙花瓶

尺　寸　8厘米×8厘米

鉴石要点　红黄白三色晶莹剔透,作者以圆透雕之法,琢展枝梅花于瓶侧,构思奇巧,施艺精细,趣意盎然。

玛瑙的产地，全世界最丰富的宝石

玛瑙矿藏资源是自然界分布最广的一种矿物，广泛分布于陆地和海洋。世界上出产玛瑙较多的国家有中国、巴西、乌拉圭、马达加斯加、印度、美国、英国、法国、墨西哥、纳米比亚、希腊、埃及、俄罗斯、日本等。

熊猫·玛瑙象形石

尺　寸　13厘米×10厘米×12厘米

鉴石要点　这方玛瑙石，以其憨态可掬的模样，笨拙逗趣的动作，成就了人们心目中无价的珍宝——熊猫！你看它前后脚都向内撇，走起路来慢条斯理，悠然自得。累了，就随地坐下，回过头来，理理皮毛，那悠闲劲儿，不由得让人羡慕。

最早出名的玛瑙地

最早出名的玛瑙产地为德国的伊达尔－奥伯施泰因，自1548年以来一直出产玛瑙，目前已成为世界最著名的宝石中心之一。

以伊达尔－奥伯施泰因为据点，将周边34个宝石加工业为主的小村镇串在一起，全长70多千米。当地居民不少都从事与宝石相关的工作，人人都有一手宝石加工绝活。几乎每到一处，都能看到宝石加工作坊。

特色玛瑙的产地

巴西盛产蓝玛瑙，蓝白相间的条带界线十分清楚。

印度出产苔藓玛瑙，墨西哥、美国和纳米比亚还产有花边状纹带的玛瑙，称为"花边玛瑙"。

美国黄石公园、怀俄明州及蒙大拿州还产有"风景玛瑙"。

中国也是一个玛瑙资源十分丰富的国家，明代宋应星所著的《天工开物》中就曾记载："凡玛瑙非石非玉，中国产处颇多，种类以十余计。得者多为簪度、钩结之类，或为棋子，最大者为屏风及棹面。上品者产宁夏外徼羌地砂碛中，然中国即广有，商贩者亦不远涉也。"目前，中国已在黑龙江、

吉林、辽宁、内蒙古、河北、山西、甘肃、宁夏、新疆、山东、江苏、浙江、福建、江西、河南、湖北、湖南、广西、四川、云南、西藏、安徽、贵州、陕西和台湾等省区发现了玛瑙产地。

戈壁滩上的玛瑙

玛瑙的矿藏可以出现在山顶上、河床里、戈壁滩上和砾石层中，而被人们发现最多的还是在农民的耕地里。一旦在某处发现一颗玛瑙，往往就会找到一大片玛瑙，其分布范围有时会达到数平方千米、数百平方千米，而且这些玛瑙通常又都分布在同一地层内。例如，内蒙古自治区东起呼伦贝尔市莫力达瓦自治旗，西至阿拉善盟额济纳旗，各主要盟、市、旗、县均不同程度地发现了玛瑙产地。

红玛瑙之乡

黑龙江省的逊克县是全国闻名的"红玛瑙之乡"。逊克县出产的红玛瑙以密度大、硬度高、光泽度高、颜色均匀鲜艳而列为世界红玛瑙中的上品。新疆产的玛瑙品种也很多。近年，湖北省农架地区发现了大型玛瑙矿床。1987年，在荒无人烟的内蒙古北部沙漠中发现了一个面积为6平方千米的干涸湖泊。平坦的湖底铺满五彩缤纷的玛瑙和碧玉，称为"玛瑙湖"。

中国玛瑙之都

辽宁阜新开采利用玛瑙资源的历史长达300多年，早有"玛瑙之乡"的美誉。这里的水胆玛瑙、红玛瑙和绿玛瑙都非常有名，生产的玛瑙首饰工艺品种类繁多，款式齐全。目前，阜新已经成为中国最大的玛瑙原料产地和加工基地，独具地方风格的玛瑙工艺品和旅游纪念品，远销美国、英国、日本等三十多个国家及港澳台地区。

金鱼·玛瑙象形石

尺　　寸　26厘米×14厘米×10厘米

鉴石要点　淡紫色的玑珠乳突，浑然一体，形成这条俏丽的金鱼。那柔秀的鱼身，鳞光迭片，那轻摆款舒之态，安祥惬意。而尤令人拍案叫绝的是此玛瑙的两处巧色。额顶上的一抹血红巧色，点明了金鱼的高贵品种——珍珠鹤顶。而那透明如蝉翼般、镶嵌着粒粒珠玉的乳白巧色，恰好形成金鱼那飘撒流曳的尾鳍。

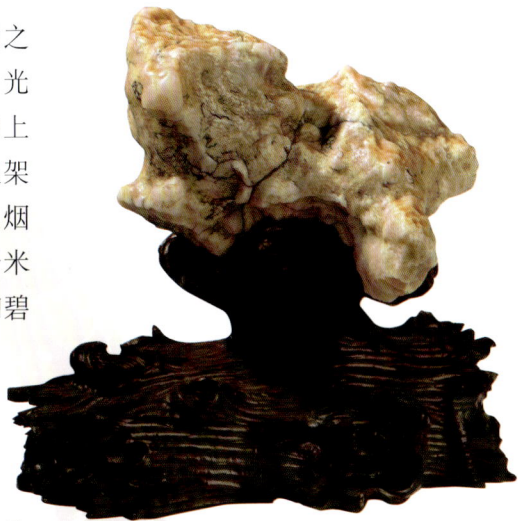

金狐·戈壁玛瑙

尺　　寸　18厘米×9厘米×14厘米

鉴石要点　不管是《狐假虎威》还是《狐狸与乌鸦》，在寓言传说中，狐狸一直都是狡猾聪慧的。而《聊斋志异》里，狐狸更展现了其另一个特质：侠义多情。"犹恐荆人攀恋切，未放征帆高举。怕公去、狐狸嗥舞……"这只不知是从哪个故事里出来的金狐，伏着短小的四肢，蜷着蓬松而多毛的尾巴，在寻觅能给它带来安定的小窝——传说中的神仙紫府。

2006年，"阜新玛瑙雕"被列为国家首批非物质文化遗产保护名录。2008年，阜新被国家工商局批准享有"中国玛瑙之都"的注册商标。阜新的玛瑙质地优良，具有品种多、颜色全、纹理美、质地优、料形奇等特点。阜新还出土了震惊全国的"玛瑙王"和"玛瑙长城"。重达66吨迄今为止中国最大的"玛瑙王"，现存放在阜新市街心广场供人们观赏；长30余米、高5米、厚0.6米的"玛瑙长城"堪称世界之奇，该石发掘于2004年在阜新市紫都台镇南沟村一座丘陵地带的半山腰处。

悠闲·葡萄玛瑙

尺　寸　80厘米×40厘米×26厘米

鉴石要点　葡萄玛瑙与光板玛瑙共生一体，大漠戈壁赋予它坚硬、神奇。千万年的风沙磨砺抚平了尖锐的棱角；凹凸不平的肌肤，如同周身鳞珠。背鳍轻扬，尾翼款摆，突出的鱼嘴，似乎在悠闲的吮吸。

中国玛瑙第一名镇

福建省厦门市海沧区东孚镇东埔村目前是国内较大的玛瑙加工贸易基地。不同于辽宁阜新以中国原产的玛瑙并以摆件销售为主，东埔村的玛瑙原料来自于巴西、乌拉圭、巴拉圭、印尼等海外产地，以饰品销售为主。目前它进口的玛瑙原料已占全国的80%以上，东埔的玛瑙商几乎垄断了巴西和乌拉圭两个国家的玛瑙矿；国内80%、国外60%的销售市场份额被东孚玛瑙占据。

目前，东埔大型的玛瑙加工贸易商都有专人常驻乌拉圭和巴西等地矿山，掌握着原料资讯，与当地矿主订下一年一签的合同。当地的矿主以数十到数百元的价格将玛瑙原石以工业原料的价格销售给东埔商人，他们回来剖开原料后，根据

金龟·玛瑙象形石

尺　寸　13厘米×11厘米×10厘米

鉴石要点　龟与松、鹤一起，历来被认为是长寿的象征。而金龟，不仅代表长寿，更代表了富贵与权力。"为有云屏无限娇，凤城寒尽怕春宵。无端嫁得金龟婿，辜负香衾事早朝。"这方玛瑙，金银相间，呈自然龟裂纹，如金龟之壳。头部昂起，似春风得意，快乐得不能隐藏，绝妙非常。

成色的好坏以及图案，加工成手镯、挂件乃至摆件。

东埔村玛瑙产业的发展可谓"无中生有"，1990年一位台商在该村投资了一家玛瑙加工厂，该工厂由于经营不善最后被一个当地人收购，他们加强了技术管理，并且开始背着麻袋一个一个景点、一个一个摊点、展会去推销玛瑙手镯。一年内就收回了投资。其他村民看到了这个生意的前景纷纷效仿，随后的两三年内，东埔村建起了近百家作坊或工厂。

2001年，东埔玛瑙在厦门国际投洽会上一鸣惊人，被外商及国内客商所了解。2008年，由东埔玛瑙村参与制定的玛瑙标准成为省级标准。

经过20多年的发展，这里初步形成了以家庭企业、原材料供应商和专业收购商为基础，具有社会化分工、专业化协作的特色加工产业集群。玛瑙成为海沧东孚的特色文化旅游点、文化中心，东孚镇也因此被誉为"中国玛瑙第一名镇"。

温馨的家·玛瑙

尺　　寸 25厘米×20厘米×12厘米

鉴石要点 两只爱情鸟，七枚宝贝蛋，再加上一个遮风挡雨的温暖小窝，简简单单地组成了一个"温馨的家"。常常在想，家到底是什么？是一所房子？一个容身的所在？还是别的什么……看见这组小品，忽然顿悟——家，是需要灵魂的！如果没有爱情鸟，没有宝贝蛋，剩下的，也仅仅只是一个巢，绝不会是一个温馨的家。

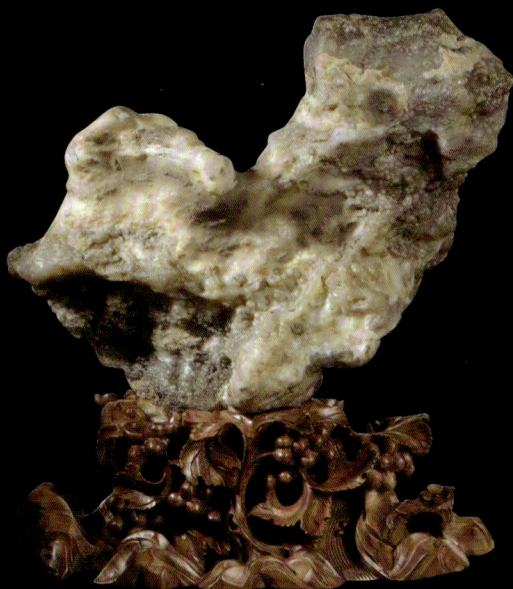

闻鸡起舞·葡萄玛瑙

尺　　寸 45厘米×38厘米×10厘米

鉴石要点 抖净身上的尘土，梳齐遍体羽毛，腆着胸，跳上墙头，昂首高歌。恬情与舒适，潇洒与满意，都在这一曲中流溢出来。生在大漠，造就它一身玛瑙的外衣，不知摄取了日月天地多少精华，才出落得这般洒脱英姿。祖逖、刘琨、击楫誓清，闻鸡起舞，毕竟英雄！

玛瑙的种类，千种玛瑙万种玉

在中国有句俗话叫"千种玛瑙万种玉"，说的就是玛瑙的种类繁多。不同种类玛瑙的形成与其本身所包含的微量化学成分和微量矿物成分密切相关。玛瑙纹环带构造的形成与玛瑙本身所特有的显微结构和微量化学成分、矿物成分分布状态有关。不同的显微结构所显示出来的微层状构造和微量化学成分及矿物成分的不均匀性呈有规律地变化，形成了玛瑙千姿百态的条纹、环带和极富想象力的图案，也让其成为人们喜爱和珍藏的玉石。正因为自然界中玛瑙所包含微量化学成分和矿物成分的多样性，如铁、铝、硒、锰、镁、钾、钠、绿泥石、赤铁矿、钠云母、铁锰质等等，使玛瑙的颜色变得丰富多彩，美丽动人。

按颜色划分

按照颜色划分，玛瑙可分为红玛瑙、蓝玛瑙、紫玛瑙、酱斑玛瑙、绿玛瑙、白玛瑙、黑玛瑙、黄玛瑙、胆青玛瑙（也叫鬼面青）等。

除上述各色玛瑙外，其它颜色的玛瑙，均可按不同颜色加以命名。有的玛瑙因为具有闪光现象，称"闪光玛瑙"；有的具有猫眼效应，称"猫眼玛瑙"；还有的透明含有蝌蚪、蜘蛛、金鱼、水草、树枝等类似动植物形态的矿物质，外观看起来就好像琥珀，人们称之为"琥珀玛瑙"。

红玛瑙是各色玛瑙中的上品，最为古人所推崇。明代洪武年间学者曹昭撰写的鉴宝要著《格古要论》中有"玛瑙无红一世穷"之说。在《格古要论》中，描述玛瑙的种类时提到："玛瑙多出北方，南蕃、西蕃亦有。非石非玉，坚而且脆，快刀刮不动。凡看碗盏器皿，要样范好、碾得薄、不夹石者为佳，其中有人物鸟、兽形者最佳。有锦红花者，谓之锦红玛瑙；有漆黑中一线白者，谓之合子玛瑙；有黑白相间者，谓之截子玛瑙；有红白杂色如丝相间者，谓之缠丝玛瑙，此几种皆贵。有淡水红者，谓之浆水玛瑙；有紫红花者，谓之酱斑玛瑙；有海蛰色者、鬼面花者，皆价低。凡

原石挂坠·战国红玛瑙

尺　寸　5厘米×1厘米

鉴石要点 战国红玛瑙是宝玉石界近年产生的一个新名词，它不是玛瑙分类的科学名称，而是特指辽宁省北票市永巨乡和黑城子乡产的一种红缟玛瑙。

器物，刀靶事件之类，看景好，碾琢工夫及红多者为上。浆水玛瑙色内有花纹如柏枝，故谓之柏枝玛瑙，亦可爱。"

按纹理构造划分

玛瑙若按照纹理构造划分可分为缠丝玛瑙和带状玛瑙。具有细纹带构造的叫缠丝玛瑙，纹带较宽的叫带状玛瑙。

国际上，缠丝玛瑙被认为是夫妻恩爱和幸福的象征。缠丝玛瑙亦称"缟玛瑙"。

有时细纹带可细得像蚕丝一样，而且颜色有许多种变化，可进一步划分出以下缠丝玛瑙中的品种：缟玛瑙、红缟玛瑙、红白缟玛瑙、黑白缟玛瑙、褐白缟玛瑙、棕黑缟玛瑙。

战国红实际上是一种缠丝玛瑙，关于缠丝玛瑙的评价，早在元代孔齐所著的《至正直记》中就有详细的评述："玛瑙惟缠丝者为贵，又求其红丝间五色者为高品。谚云：'玛瑙无红一世穷。'言其不直钱也。又言：'玛瑙红多不值钱。'言全红者反贱，惟取红丝与黄白青丝纹相间，直透过底面一色者佳。"

孔齐的这一看法，也可以作为当今鉴赏战国红的一个要点。意思是说：玛瑙中只有缠丝玛瑙贵重，又求其中红丝夹杂有多种颜色的为上品；玛瑙缠丝全是红色的价钱反而低，只有红丝与黄、白、青丝纹相间，并颜色透过到底面使两面颜色一样的为好。

荷花巧雕挂坠·南红玛瑙

尺　寸　2.2厘米×3.6厘米×1.6厘米

鉴石要点　佛家视南红玛瑙为具有灵性的饰物，持之捻之，可与阿弥陀佛菩萨本尊相应，护念加持，是佛家诸宝之一。此件用南红玛瑙红白料巧雕成荷花造型，造型简单明快。

按内部构造和质地划分

按照内部构造和质地特点，玛瑙还可分为水胆玛瑙、火玛瑙、昙玛瑙、城砦玛瑙、苔鲜玛瑙、竹叶玛瑙等等。

水胆玛瑙是指玛瑙中包裹有天然液体的品种，是玛瑙制品中尤为稀罕和珍贵的品种。

在条带层中含有氧化铁的板片状矿物晶体的玛瑙，闪烁着火红的光泽，故称"火玛瑙"。

质地有云雾状感觉的玛瑙叫"昙玛瑙"，也叫"云雾玛瑙"。

内部隐约可见"城廓"的玛瑙，叫"城砦玛瑙"，也叫"风景玛瑙"。因含绿泥石或沿裂纹有氧化锰的渗入，出现树枝状、植物状的花纹，或如同苔藓植物一样花纹的玛瑙，称为"苔藓玛瑙"。有竹叶状花纹的玛瑙叫"竹叶玛瑙"。

此外，李时珍的《本草纲目》还独辟蹊径，将玛瑙增加"柏枝玛瑙"、"夹胎玛瑙"、"截子玛瑙"、"锦江玛瑙"等若干品种。对玛瑙种类介绍最为详细的，还要数宋代顾文荐在其所著的《负暄杂录》，书中称："马脑品类甚多，出产有南北，大者如斗，其质坚硬，碾造费工。南马脑产大食等国，色正红无瑕，可作杯。西北者色青黑，宁夏瓜洲羌地砂碛中得者尤奇。有柏枝马脑，花如柏枝。有夹胎马脑，正视莹白，侧视则若凝血，一物二色也。截子马脑，黑白相间。合子马脑，漆黑中有一白线间之。锦江马脑，其色如锦；缠丝马脑，红白如丝，此皆贵品。浆水马脑，有淡水花；酱斑马脑，有紫红花；蚰马脑，粉红花，皆价低。又紫云马脑出和州，土马脑出山东沂州，亦有红色云头、缠丝、胡桃花者。又竹叶马脑，出淮右，花如竹叶，并可作桌面、屏风。金陵雨花台小马脑，只可充玩耳。"

书中具体提到16种玛瑙，颜色也有10多种。这些玛瑙的品种和名称多见于过去的经史典籍之中，现在一般已经很少使用。

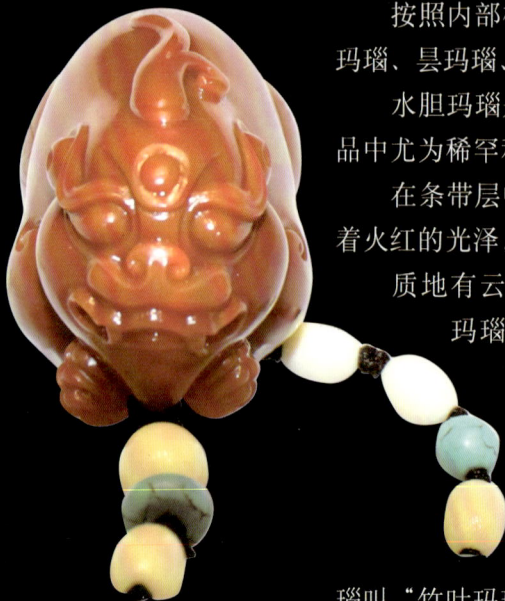

貔貅把件・南红玛瑙

尺　寸　5.3厘米×3厘米×3.3厘米
鉴石要点　貔貅表现力极强，外形威风凛凛，肌肉饱满，骨骼突兀，狮头焰尾，獠牙利爪。

复古风手串・阿拉善玛瑙

尺　寸　长2.3厘米
鉴石要点　8粒。

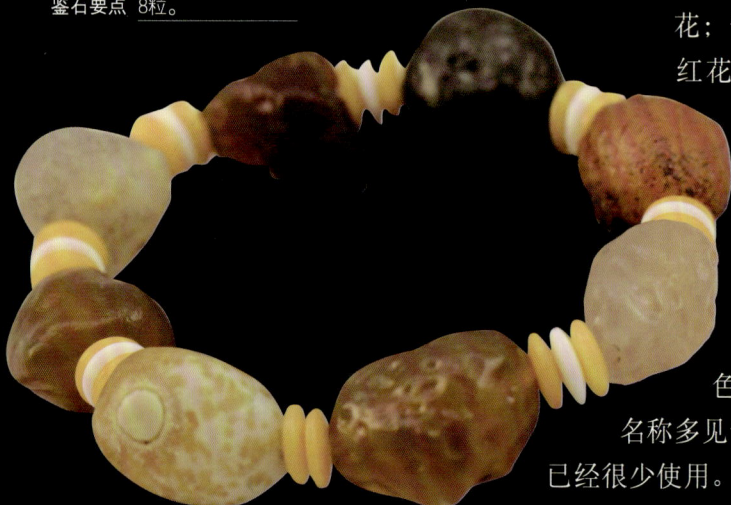

原石·马达加斯加玛瑙

尺　寸　8厘米×4.5厘米×2.6厘米

鉴石要点　马达加斯加玛瑙是产自非洲岛
国马达加斯加的玛瑙，在珠宝市
场上也叫"马料"，质地温润，
颜色以白色掺杂黑色为主。

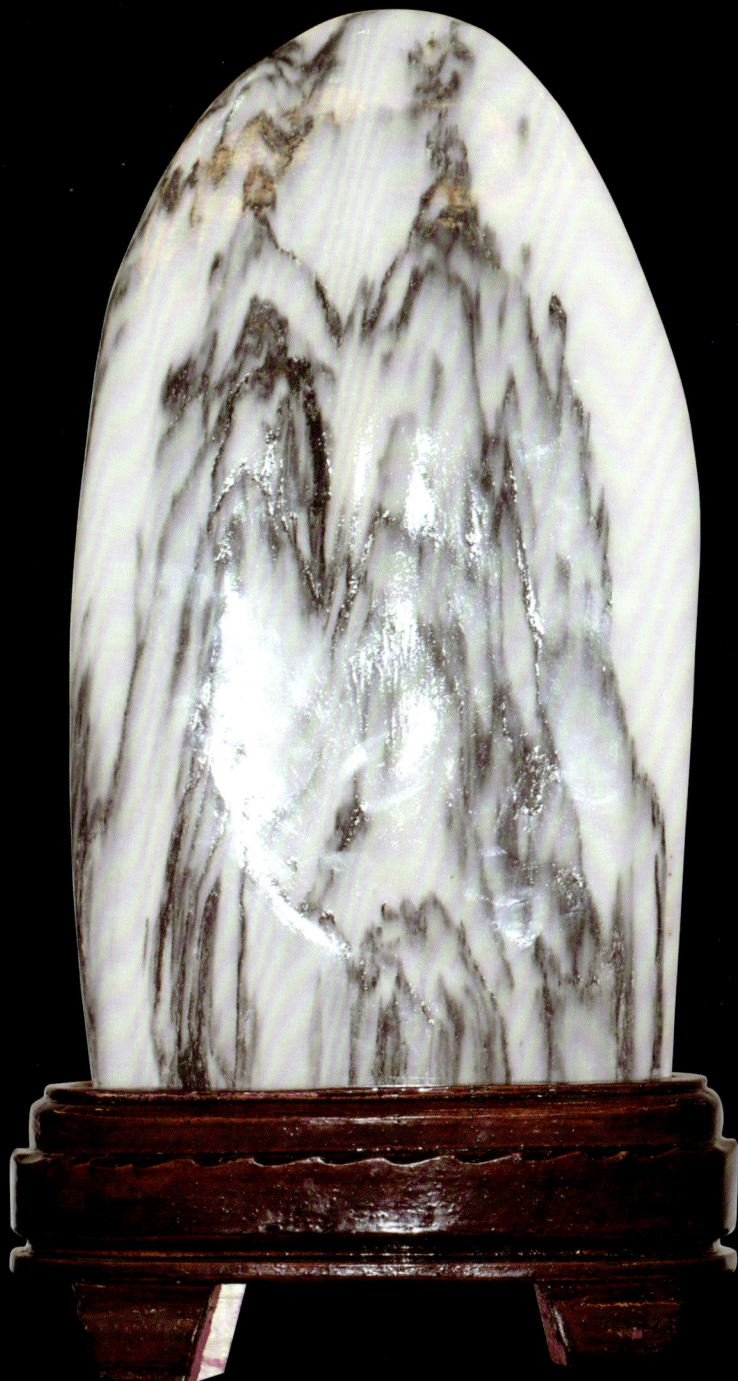

山水如画·风景玛瑙

尺　寸　20厘米×15厘米×6厘米

鉴石要点　白玛瑙上有一层层的黑玛瑙点
缀，就好像层层叠叠的山峦一
样，风景迷人。

对于国外出产的玛瑙，
大多是按照国家直接命名，
比如巴西产的玛瑙叫巴西玛
瑙，美国出产的玛瑙叫美国
玛瑙，马达加斯加出产的玛
瑙称为"马料"或"马达加
斯加玛瑙"等。

玛瑙的特性，从观赏到药用

玛瑙的用途非常广泛，可以作为药用、宝石、玉器、首饰、工艺品材料、研磨工具、仪表轴承等。中医认为，玛瑙味辛性寒无毒，可用于眼科，治疗目生障翳者，用玛瑙研末点眼，疗效很好。药用的玛瑙碎屑，是雕琢宝石的下脚料。

玛瑙在远古时代就被当做人间奇珍，一些古代先民相信玛瑙能给佩戴者带来愉快和信心，并被赋予上帝的仁慈，还可以确保他们获取胜利和力量。埃及米索不达米亚地区最早的居民沙美里亚人，似乎是最早使用玛瑙来做信物、戒指、串珠、图章和其他宝石艺术品的，他们用玛瑙制作的斧头工艺品，现存放在纽约美国国家历史博物馆中。

观赏价值

玛瑙一般为半透明到不透明，摩氏硬度6.5～7度，比重2.55～2.91克/立方厘米，折光率1.535～1.539。玛瑙既是宝石原料，又是精美的观赏石，它的硬度超过水晶，具有坚硬、致密细腻、形状各异，光洁度高，颜色美观而且色彩丰富等特点，是雕琢美术工艺品的上等材料。

玛瑙的外观质地极细腻，在显微镜下观察可见其内部为细小的棉絮状体。玛瑙无解理、有裂纹，裂纹是玛瑙在形成的过程中因二氧化硅胶体向结晶质过渡时由于收缩速度的差异等因素引起的。裂纹有的轻微有的严重，呈断裂纹、破碎纹、包裹纹、炸裂纹、炸心纹等形式出现，其中有后三种裂纹的玛瑙利用率较低。

玛瑙性脆如晶石，易打出断口。呈贝壳状、半贝壳状。细心观察，断口有微弱变化，特别细腻的玛瑙，断口近于贝壳状；质地略粗一些，断口微有丝片痕迹，而且有方向性，方向找到了，易打出断口。

由于玛瑙硬而脆，所以加工玛瑙制品的方法并不是雕刻，而是多用金刚砂研磨。

玛瑙石从外观看光滑而完整，但其内部往往有空洞和马牙石，叫作"樊"，即"樊笼"样的空洞。有樊的玛瑙石将大大降低加工利用价值，但在工艺师巧手琢磨下仍可成为供观赏的美石。

罗汉手把件·玛瑙

尺　寸　6厘米×10厘米

鉴石要点　质地细腻，颜色以红、灰为主，雕刻的罗汉额头宽广，长眉须发，屈膝盘腿，寓意坚强刚毅。

药用价值

玛瑙不但是名贵的装饰品，也可用于制造耐磨器皿和罗盘等精密仪器。中医界认为，玛瑙味辛性寒无毒，可用于眼科目生障翳者，用玛瑙研末点之，疗效很好。李时珍的《本草纲目》就有这样的记载："马脑，气味辛寒，无毒。主治辟恶，熨目赤烂，主目生障翳，为末日。"明朝缪希雍所着的《神农本草经疏》中称："玛瑙同珊瑚辈为末，点目去翳障尤妙。"

从科学角度而言，玛瑙的实用价值在于它是很好的散热型装饰品，排毒散热。玛瑙中含有铁、锌、镍、铬、钴、锰等多种微量元素，长期使用有益健康，而且可以使人头脑清晰，精力充沛，提高工作效率。将适量的玛瑙放置于枕头下，有助于安稳睡眠。玛瑙可改善内分泌，加强血液循环，让气色变好。对于女性，长期佩带玛瑙饰品可以使皮肤润滑，心情开朗，血液循环增强，使嘴唇红润，眼珠明亮有神。

不同种类的玛瑙还具有不同的功效。比如缠丝玛瑙有黑褐色间白纹，可治疗心灵创伤，是对抗忧郁的良伴；绿色苔藓玛瑙由于对身体虚弱、神经系统失调和心脏病有特殊疗效，因此古人把它奉若神明；偏橘色的红玛瑙可对直肠炎等胃肠疾病有效用；水胆玛瑙是最具疗效的宝石之一，在紧急情况下，可放在身体任何部位，平衡正负能量，可以消除亢奋、紧张和任何持续的压力。现在，一些城市里的高档洗浴中心还推出了玛瑙浴，就是在浴室的四壁全部镶嵌上天然玛瑙，当玛瑙房中的温度达到30℃以上时，玛瑙即可散发出任何合成材料所无法比拟的矿物质，使浴客神清气爽、血压稳定，各项人体健康指标均趋于正常。

战马挂坠·南红玛瑙

尺　寸 4.1厘米×4.7厘米×1.5厘米
鉴石要点 材质为南红玛瑙，颜色红润均匀，采用圆雕工艺雕刻马的头部，下面雕刻卷云纹饰，寓意一马当先。

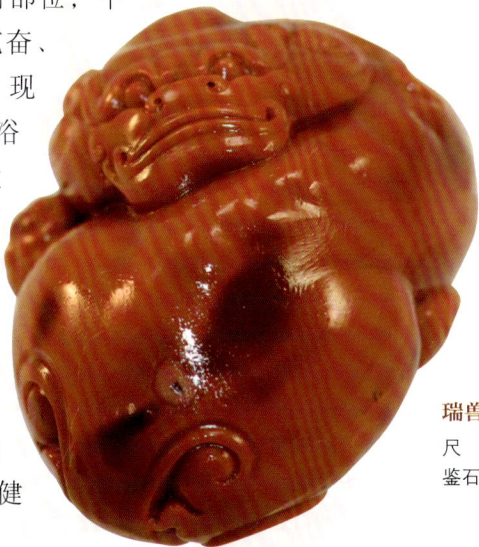

瑞兽挂坠·南红玛瑙

尺　寸 4厘米×5.5厘米×3厘米
鉴石要点 瑞兽是人们表达追求幸福和美好生活的载体，在身上佩戴瑞兽形象的物件更多地是人们相互间的美好祝福。

清·玛瑙仿古尊

尺　寸　高20厘米

第二章

玛瑙的种类，

各色玛瑙有名堂

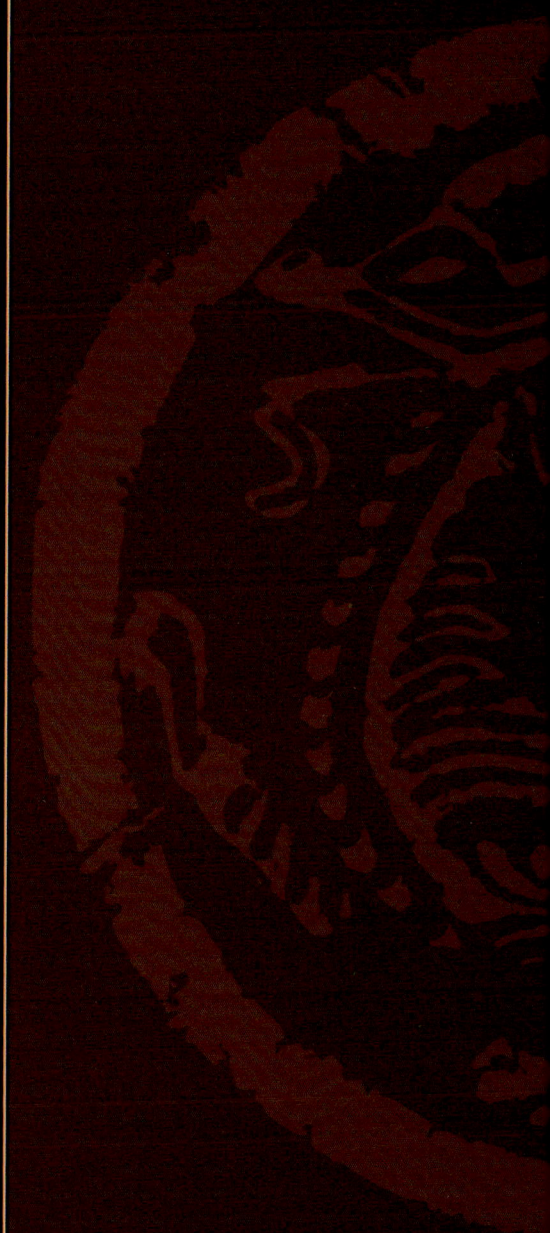

红玛瑙

红玛瑙就是指红颜色的玛瑙，在古代称之为"赤玉"。红玛瑙还可以细分为许多种类，它的颜色评价以大红、鲜红、粉红、橘红等浅淡红颜色为佳，以深红、暗红、酱红、褐红等为次。它的质地评价和翡翠种的评价相同，以细腻通透为好。红玛瑙按照产地还可分为东红、西红、战国红、南红等种类。

东红玛瑙的特点

东红玛瑙是指颜色不正，由天然含铁离子的玛瑙经加热处理后形成的红玛瑙，又称"烧红玛瑙"、"烧色玛瑙"等，其中包括鲜红色、橙红色。

这种玛瑙加工的技术原理就是玛瑙晶格中含有少量显色离子，如果只含有3价铁离子玛瑙就会呈现天然红色，如果只含有2价铁离子就会呈现青绿色。

这两种颜色都是受欢迎的。但大自然却很少能够如人所愿，绝大多数的玛瑙都是3价铁和2价铁混合物，这样就导致玛瑙呈现出不受欢迎的暗灰色和青灰色。

而在氧化的环境中，通过简单的加热就会让2价铁氧化成3价铁，从而让灰色的玛瑙转换为人见人爱的红色。东红玛瑙一名，据说是因为这种玛瑙的加工方法最早来自日本，而中国古代把日本叫做东瀛、东洋，所以因此得名。

西红玛瑙的特点

西红玛瑙是指天然的红色玛瑙，其中有暗红色的，也有艳红色的，中国古代出土的红玛瑙大多属西红玛瑙，这种玛瑙当时主要来自西方进贡给中国的皇帝，所以称之为西红玛瑙。

仿古钟吊坠·南红玛瑙

尺　　寸　2.5厘米×4.4厘米
鉴石要点　质地通透，仿古造型，吊坠上雕刻乳钉纹和回形纹，古韵悠长。

西红玛瑙颜色深红，透明度较高。关于西红玛瑙的来历，还有一种观点认为，它做为只在西周这一个时期出现的红玛瑙，简称之西红玛瑙。

东西红玛瑙的区别

东红玛瑙与西红玛瑙的区别是：东红玛瑙料脆，容易出现类似玻璃的崩口；东红玛瑙颜色沉闷，俗称死色，缺乏清亮感觉；另外，在显微镜下观察会发现东红玛瑙的质地有细微的火劫纹，这是由于高温造成的。

红玛瑙的神奇功效

正红色的红玛瑙可改善内分泌，加强血液循环，让气色变好；偏橘色的红玛瑙对肠胃病有效，可活化内脏，预防便秘，帮助排出毒素，对肝病、风湿、神经痛、静脉曲张等都有舒缓的功用。可平衡正负能量，消除精神紧张及压力。维持身体及心灵和谐，增强爱、忠诚及勇气，可促进富足、幸福及长寿，有保平安功效。对思想消极，没有目标及冲劲的人，有刺激其好奇心及行动力的作用，让其认清目标、急起直追，也能消除恶意与忌妒，带来和平的新关系。加强创意与创作力，在创作的过程中灵感泉涌。

红玛瑙的颜色娇嫩、鲜丽，令人惊艳。透光看时，会有明显的天然纹路，可爱极了。戴上后，会有皮肤更白皙细嫩的感觉。自古以来，学者们便把红玛瑙视为宝石中的"第三眼"，象征着友善的爱心，也代表着希望。

弥勒佛吊坠·南红玛瑙

尺　寸　2.2厘米×3.2厘米

鉴石要点　弥勒佛喜笑颜开，大耳垂肩，憨厚自在。

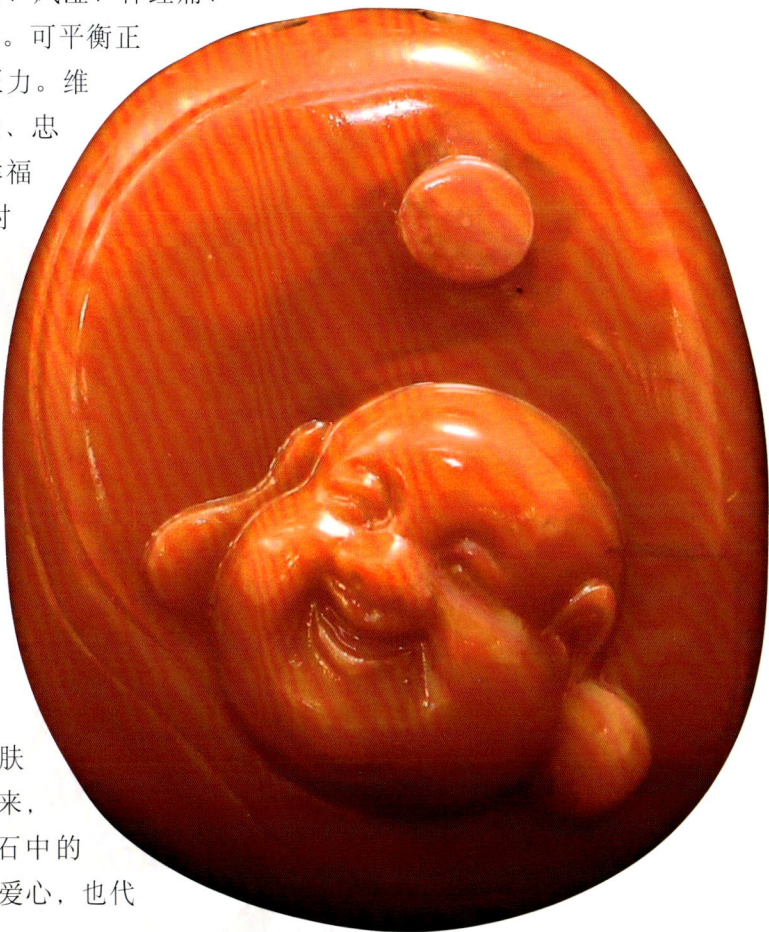

火玛瑙

有些玛瑙含有丰富的氧化铁内包物而称为火玛瑙，在切磨后会呈现出如欧泊一般的变彩，色调温暖、活泼、热情，据说可以防止感冒、风寒及冻伤；可惜的是火玛瑙与其它玛瑙不同，通常是附在岩石的表层，因此要找到一块稍大一点的火玛瑙是极其困难的事，价格自然不菲。火玛瑙也是玉髓类矿物的一种，经常是混有蛋白石和隐晶质石英的纹带状块体，硬度7～7.5度，比重2.65克/立方厘米，色彩相当有层次。有半透明或不透明的。常用做饰物或玩赏用。

这种玛瑙其结构呈层状，层与层之间有薄层包裹物质，如氧化铁的薄片状矿物晶体，当光照射时，产生薄膜干涉现象，会闪出火红色的晕彩，故称其为火玛瑙。

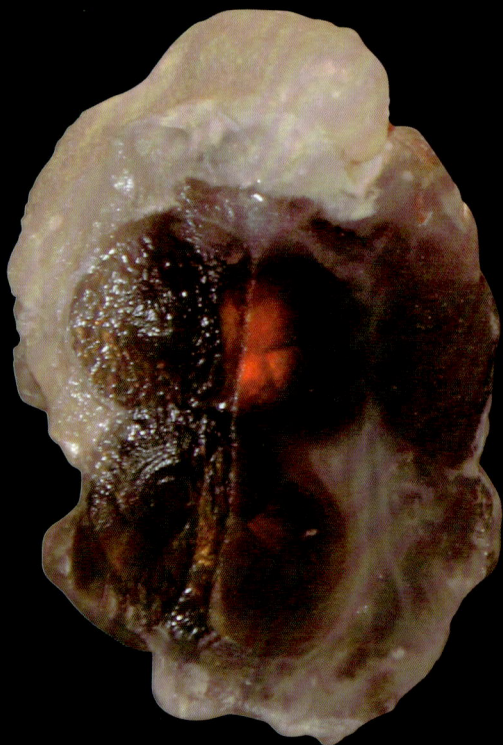

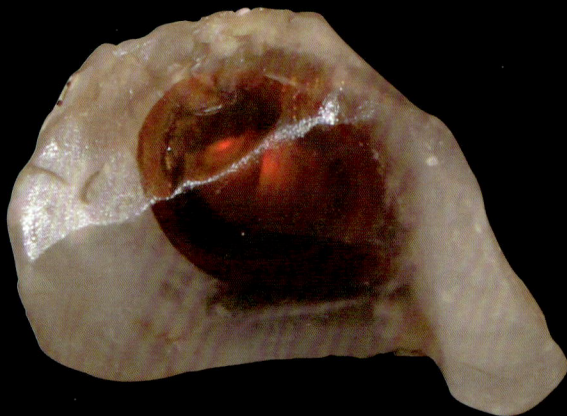

火玛瑙原石

尺　寸 5厘米×6厘米

鉴石要点 火红色的晕彩明显，色调温暖、活泼、热情。

紫玛瑙

紫玛瑙属于玛瑙中比较罕见的品种，晶体多呈单一的紫色，颜色有淡紫到深紫，优质者可堪称紫水晶且色泽光亮，而颜色稍淡点的紫玛瑙，色泽不够光亮。在古代，玛瑙被称之为"第三眼"，即是人类与灵界互动的桥梁，是增强佩戴者透视灵界能力的催化剂。

紫玛瑙很少见，看了有说不出的舒服感，颜色浪漫呈半透明状的紫玛瑙很讨人喜欢，而且非常稀有，在某些功效与作用上与紫水晶有些许相似，因为同样发出浪漫气息的紫色光。

花丝镶嵌玛瑙凤凰胸针·红、紫玛瑙（一对）

尺　寸　4.5厘米×2.4厘米

鉴石要点　花丝采用铜质，中间镶嵌红、紫玛瑙，造型精美独特。

蓝玛瑙

蓝玛瑙是指蓝色或蓝白色相间的玛瑙。这是一种颜色十分美丽的玛瑙，块度大者是玉雕的好料。优质者颜色深蓝。次者颜色浅淡。蓝白相间者也十分美丽，当有细纹带构造时，则属于缠丝玛瑙中的品种。天然蓝玛瑙主要产于巴西，蓝白相同的条带界限十分明显，人们多用这种截然不同的层色来做浮雕。

蓝玛瑙球

尺　寸	3厘米×3厘米
鉴石要点	蓝白色相间，蓝色为深蓝色，纹路自然，缠丝层次分明，一丝不乱。

精品具备三大宝

蓝色玛瑙的收藏需从颜色、质地以及重量三个方面入手，首先颜色越鲜艳、纯净、明快越好，当然俏色蓝玛瑙也非常珍贵。其次质地越紧密完整、光滑润泽，表面无或少有杂质，且内部没有沙心越好。最后，在色佳质优的前提下，蓝玛瑙的重量越大，品质越高，收藏价值越好。

巴西蓝玛瑙原石

尺　寸	8厘米×8厘米
鉴石要点	横切面能清晰地看到玛瑙的整个构造，蓝白色的缠丝分布在表皮下面，里面常有许多雪白、晶莹、剔透、细腻的大片水晶结晶，犹如神仙居住的洞天福地。

防止人工染色

人工染色的蓝玛瑙由于加入了钴盐为紫罗兰色，即蓝中带有紫色调的颜色，极少数情况下出现有宝石蓝色的染色品。目前中国市场上产的蓝玛瑙制品，多半由人工染色而成，其色浓均，易与天然者区分。

蓝玛瑙的神奇功效

蓝玛瑙能散发出恢复疲劳的能量，有效提高精神力量，开发脑部的记忆，改善顽固倔强的脾气，提高读书的能力。对常常旅行在外的人来说，也是很好的护身符，可保平安并避免一些负面能量的侵害，对小孩也有避邪化煞的作用。蓝色的玛瑙对应喉轮，可增加自我表达及沟通协调的能力。

绿玛瑙

绿玛瑙是一种淡绿到翠绿色的玛瑙。天然的绿玛瑙多为不纯的绿色、暗绿色、褐绿色。颜色鲜艳的绿玛瑙多为人工染色产物或系绿玉髓的误称。

绿色玛瑙的染色品与天然品在外观颜色上非常接近，如果仔细观察就会发现：天然的绿玛瑙多为葱心绿色，颜色柔和，而染的绿色玛瑙为翠绿色，颜色会显得非常艳丽。

有的绿玛瑙其外观与翡翠十分相似，但两种绿存在质的差异：玛瑙颜色"单薄"，质地无翠性，性脆；翡翠颜色"浑厚"，质地有翠性，韧性大。

情同鱼水银饰吊坠·绿玛瑙

尺　寸 直径2.3厘米

鉴石要点 饰品为一金鱼造型，鱼尾配玛瑙石，如金鱼摆尾一样，寓意鱼水情深、如鱼得水。

银饰手串·绿玛瑙

尺　寸 18粒玛瑙珠，直径2厘米

黑玛瑙

黑玛瑙是指外边颜色呈黑色的玛瑙，主要是因为玛瑙中含有较多有机质引起的。纯黑整块的玛瑙在自然界极少见，大多数的黑玛瑙是因为内部的有机质含量不均而呈现出深浅不同的条带。这些条带可以具有不同的颜色（红、蓝、紫、绿、黑、白等），如果是呈黑白相间的条带，就称为缟黑玛瑙；呈红白条带者就称为缠丝黑玛瑙。

黑玛瑙一般呈透明到不透明状，折射率约1.54，比重2.60克/立方厘米，摩氏硬度7度，玻璃光泽，贝壳状断口。具有同心环带状、层纹状、波纹状、缠丝状、草枝状等各色形态的美丽花纹是黑玛瑙最大的艺术特色。因为黑玛瑙具有天然毛细孔，所以还可染成红、蓝、绿、黄、褐紫等各种颜色。

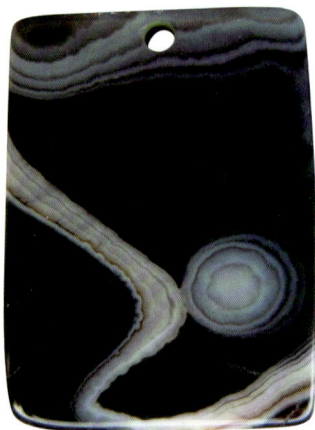

金鹿把件·黑玛瑙

尺　寸　4厘米×7.8厘米
鉴石要点　此件作品巧妙地利用了玛瑙的皮色，雕刻成一只在草丛中自由嬉戏的金鹿，显得高贵大方。

宇宙·玛瑙画面石

尺　寸　2.8厘米×2厘米×0.2厘米
鉴石要点　玛瑙画面石，图案就如整个宇宙一般，各种星系按规律运行，明朗而深邃。

佛珠手串·黑玛瑙

尺　寸　16粒，直径2.2厘米
鉴石要点　天然黑玛瑙，颗颗圆滑，象征坚毅和勇敢。

镶银墨西哥人物头像·黑玛瑙

尺　寸　12厘米×5厘米

鉴石要点　颜色黑亮纯净，无杂色，雕工精细，造型精美，
此件作品现藏于国家博物馆。

白玛瑙

白玛瑙是一种以白色调为主的玛瑙，按照透明度可分两种：一种透明，另一种不透明。透明者皓白如矾，能看到内部的层次变化。不透明者，细看也可以发现少量变化的硅质层次。这种白色玛瑙很容易跟石英搞混，只要细看就不难发现石英颗粒粗糙，结构疏松。

近年来，还发现了像玉石那种纯度很高而又结构细腻的白玛瑙——蛋白石，多用于制作玛瑙珠子、大块的可以用作玛瑙手镯，成色不够好的还可以进行人工着色，染成蓝、绿、黑等色。还有一些成色透明、玉质细腻的白玛瑙，外形与月光石有点相像，只是缺少了一点月光色，这种玛瑙量少，经常被用作圆珠和镶嵌。

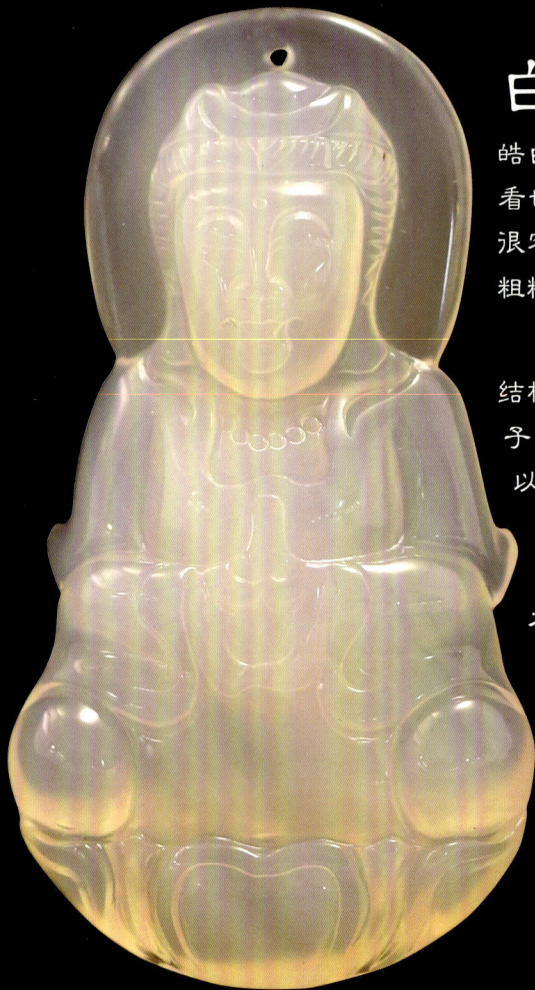

观音挂坠·白玛瑙

尺　　寸　4厘米×6.5厘米
鉴石要点　观音相貌端庄慈祥，低眉下垂闭目怡然，双手轻柔地伏在胸前，平静的神态震撼人心。

乐佛挂坠·白玛瑙

尺　　寸　3厘米×3.2厘米
鉴石要点　较透明而无色，就像水晶一般，雕刻的佛像憨态可掬，造型喜人。

长命锁挂坠·白玛瑙

尺　寸　3.8厘米×3厘米

鉴石要点　色泽圆润，晶体靓丽，长命锁
造型适合小孩佩戴，寓意健康
长寿。

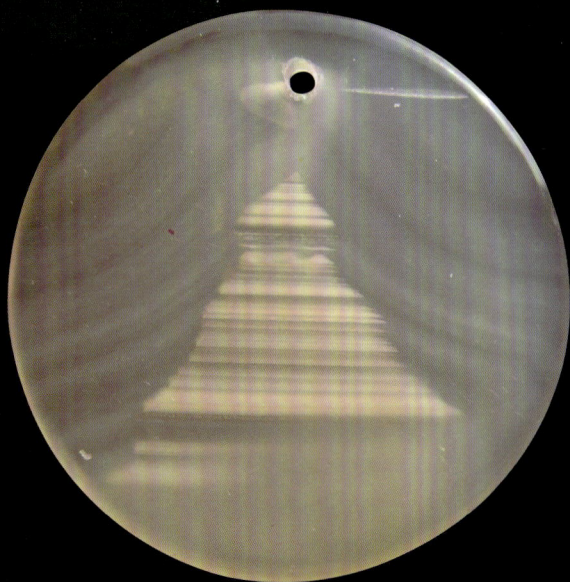

玉叶挂坠·白玛瑙

尺　寸　3厘米×5厘米

鉴石要点　色彩纯正无暇，洁白细腻，雕
工精致细致，叶片的线条柔润
富有光泽。

玲珑宝塔·白玛瑙

尺　寸　3厘米×3厘米×0.2厘米

鉴石要点　质地通透，中间为一宝塔造型，
寓意步步高。

缟玛瑙

缟玛瑙是指具有非常细的平行纹带的玛瑙，所以也被称为"条带玛瑙"。常见的缟玛瑙有黑白相间或红、黄、灰、白等相间的条带，有的还有很少见的彩条纹。如果缟玛瑙出现细如游丝的彩色带或黑白平行的丝带，则称为"缠丝玛瑙"，古称截子玛瑙。

桶珠·缠丝玛瑙
尺　寸　4.5厘米

美丽的神话

组成缟玛瑙的细小矿物除玉髓外，有时也见少量蛋白石或隐晶质微粒状石英。缟玛瑙瓷感强，通透度较低，出产数量非常大，世界各地几乎都有产出，所不同的是颜色和质地的差异。罗马征服者西庇阿以全身带满了缟玛瑙闻名。由于她的神话起源，人们相信缟玛瑙能促进人的指甲、头发和皮肤的生长。因为缟玛瑙具有多色彩层，因此古罗马人视之为上等的雕刻艺术品珠宝。

高涨的身价

从中国国内的市场行情来看，缟玛瑙中品质最高的当属有红色纹带的红缟玛瑙，这种玛瑙质地细腻色彩圆润，如果能配合高超的打磨工艺，红缟玛瑙就能成为一件极具收藏价值的艺术品。时下被市场热炒的"战国红"就是一种红缟玛瑙。

精美的艺术

缟玛瑙也会产生包浆，包浆可以用来判断缟玛瑙的年份。缟玛瑙的纹路一般比较细密，中国河北出产的缟玛瑙品质极佳，其次是山西等地。

缟玛瑙的天然形态造就其独特而复杂的设计，在光照射下，它的样式会变成三维的。反光的缟玛瑙面板是非常流行的室内设计元素，特别是黄色或褐色的缟玛瑙经常被用于酒吧和饭店等灯光较暗的地方。

宝月窥镜·缠丝玛瑙
尺　寸　20厘米×10厘米×20厘米
鉴石要点　丝缠线绕，嵌玉环银；玛瑙之形盘旋卷划，如云涌波乱，涛起潮落，成一凹盒镜形，中间一玲珑剔透之奇异小孔，如宝月窥镜。玉清洞府，秀岳迷踪，袖里乾坤，风月鉴尘。

孕育·缟玛瑙

尺　寸　4.8厘米×6.1厘米

鉴石要点　玛瑙内部图案如一只即将破壳而出的小鸡，
形态逼真，层次分明。

观日·缟玛瑙

尺　寸　6厘米×8厘米

鉴石要点　一人站立在苍茫的大海边上，看着一轮红日
正在冉冉升起。

罕见的血胆玛瑙

血胆玛瑙极为罕见被人视为圣物，因为在大自然中天然形成的概率极低，非常珍贵神奇，可谓价值连城。其成因有两种解释：空洞的玛瑙裂开后进入铁离子及水，在自然环境的变迁中再自己弥合上；硅质矿物原生时就包含了铁水离子，形成玛瑙后二氧化硅胶体再次冷却，压力减少，结晶速度缓慢，在其内腔便形成了微石英颗粒和水晶晶簇，剩余的液态主要成分是水时，空洞内含水的玛瑙称为水胆玛瑙，而当其既含水又含铁离子产生红色液体时称之血胆玛瑙。

水胆玛瑙

古籍中还记载有水胆玛瑙一种，在当今的市场上仍能见到，属于异常的名贵种类。清代学者姚元之所著的《竹叶亭杂记》中曾颇为气愤地记述道："工人掘地得一石（水胆玛瑙），碎之不出。厂官闻之，急令注取水，已散地无余。天生异宝，每误弃于无知者之手亦何可恨！"其实所谓水胆玛瑙，就是玛瑙中有封闭的空洞，其中含有水或水溶液，摇晃时汩汩有声。以"胆大水多"为佳。透明度高且无裂纹和瑕疵的水胆玛瑙，是极好的玉雕材料。

玛瑙的出生

水胆玛瑙在形成过程中，火山岩喷发后期的含水残余热液在溶融交织及在一定的温度和压力的作用下喷出地面，包裹着水的玛瑙岩浆呈抛物线抛出地面后落地，由于力的作用，玛瑙块底部与地面接触部分较为平坦，上部呈斜馒头状再慢慢冷却。

玛瑙岩浆温度稍低些、冷却快些的形成人们俗称的"肉胆"，其特点是水胆壁水晶体薄，水感及观赏效果明显，玛瑙块外部氧化层（即"黄皮"）也薄；喷出地面的玛瑙岩浆温度较高、冷却慢的，内壁形成一层厚的水晶晶体，即人们俗称的"砂胆"，其玛瑙块外部的氧化层也较厚。

在水胆玛瑙中，"肉胆"的价值明显高于"砂胆"、"肉胆"雕的工艺品观赏水的效果好，晃动时水感明显，"砂胆"雕的工艺品水感及现赏效果差些，有的水晶体外露，水易沿水晶体的间隙蒸发或渗漏掉。

简单辨真假

有几个比较简便的办法可以鉴别水胆玛瑙的真假：细看工艺雕件是否无懈可击，如果雕件连个缝都没有很难说是假的；水胆内壁有腥(发黑)或有水晶结晶体，一般是天然的，这是水胆玛瑙形成时留下的痕迹；用10倍放大镜仔细观察，对有疑问处用刀或针尖刻划，因玛瑙硬度7，刀子硬度为5～5.5。作假部分如用胶水黏接硬度达不到7，用刀子能划动；有条件的话请专家鉴定，并出具宝玉石鉴定证书。

"水"的重要性

值得一提的是，即使天然的水胆玛瑙的水也并不是永不干涸的。玛瑙毕竟是由细微晶体组成的集合体，晶体的细小程度只有0.1～0.4微米(1微米＝0.001毫米)，只有在水胆壁较厚的情况下，才能保证水长期永不干涸。

不过，当水胆玛瑙的胆壁较薄或观赏面较大时，或者属于"砂胆"的水晶体雕琢后外露时，水胆里的水就会沿着缝隙慢慢地蒸发，这种缓慢蒸发掉的水造成的缺失只有通过将玛瑙件长期浸泡渗透来补充。

这样一来，水胆玛瑙里的水是"先天"的还是"后天"的就很难分清了。

不可多得的产地

中国的玛瑙产地有20多处，出产水胆玛瑙的主要在东北辽宁、黑龙江等地。

东北产水胆玛瑙的特点是颜色呈橘黄色，不均匀，有时还带有黄灰色，色泽暗，裂痕多，用其雕出的工艺品往往不太受人欢迎，工艺师们对色泽灰暗、裂痕多、水胆不好表现的水胆玛瑙料往往不愿多下功夫和精心雕琢，就是雕出来其价值也不高。

目前市场上销售的水胆玛瑙工艺品大多是从巴西进口的原料，再经过工艺师们精心筛选、设计雕琢而成。

进口的水胆玛瑙色泽大多呈灰、紫灰、深紫、灰白等颜色，玉质细腻裂少、水胆表现明显。

所以，当下的水胆玛瑙工艺品可以说是开历史之先河，是在改革开放以后才有的产物，历朝历代留下的水胆玛瑙工艺品少有听说。

水胆玛瑙原石

尺　寸　4厘米×6.5厘米×0厘米
鉴石要点　外形呈黑灰色，中间白色，透过表面能清晰的看到内部的空洞，摇晃时有水流的声音。

昙玛瑙

质地有云雾状感觉的玛瑙叫"昙玛瑙"，又名"云雾玛瑙"。昙玛瑙的特点是云彩边界不十分清晰，以絮状存在于玉髓内部，这一点和玉石十分相似，其品级鉴定的方法也和玉石一样。

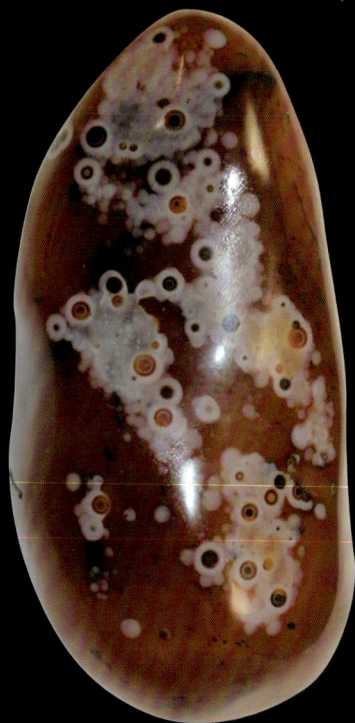

云雾把件·昙玛瑙
尺　　寸　6.5厘米×11.5厘米

云雾缭绕·昙玛瑙
尺　　寸　19.5厘米×16厘米×6.5厘米
鉴石要点　地色灰黑，条纹恍惚，一片片就像山中的云雾一般。

酱斑玛瑙

玛瑙的外观呈紫赤色，就好像日常生活中的调味料大酱的颜色一样，故因此得名，呈透明到不透明状。

清·酱斑玛瑙鼻烟壶

尺　寸　高6.4厘米

鉴石要点　由整块玛瑙雕刻挖膛而成，玛瑙的质地就好像酱斑一样，一块块分布其上。

草花玛瑙

玛瑙的包裹体里面有天然的水草状花色。颜色和图案丰富，十分漂亮，一般作为挂件、手镯等。草花玛瑙也叫水草玛瑙，为内蒙古戈壁玛瑙的一种，在东北地区也有大块的草花玛瑙出产。

水草玛瑙原石（正背）
尺　寸 4厘米×5厘米

水草玛瑙手镯
尺　寸 宽1.95厘米
鉴石要点 质地通透，可见到内部有像水草一样的内含物，疏密分布，错落无序。

苔藓玛瑙

苔鲜玛瑙是由于氧化锰或其它物质渗入其中，在石面呈现羊齿状或苔鲜状等植物一样的花纹图案。这种花纹是含有苔鲜状或树枝状的氧化矿物的色体形成的。这种矿石并非化石，地质学上叫假化石或草花石等。当玛瑙中有绿泥石矿物时，呈现树枝状花纹或苔鲜状花纹。

金蟾望月·苔藓玛瑙

尺　　寸　5厘米×4厘米×2厘米

鉴石要点　内部图案就如一只青蛙站在河岸上，看着天空中的明月，静中有动。

苔藓玛瑙原石片

尺　　寸　5厘米×6厘米×1厘米

鉴石要点　质地通透，内部如针状草叶布于其中，呈褐绿色，像苔藓一般。

柏枝玛瑙

玛瑙的质地上有枝叶一样的花纹，就好像柏树的枝条一样。柏枝玛瑙的显著特点是和水晶中的发晶一样，是玛瑙中的"发玛瑙"。其形成原理是内部的矿物质如赤铁矿等在玛瑙中结成一种针状结构，其针状结构四周经过蛋白质化，其图案花纹便呈现出如裸子植物中的柏树枝一般，所以称之为柏枝玛瑙。

曲蟮玛瑙

曲蟮玛瑙是因为其花纹形状如曲蟮一般而得名，清康熙年间学者陈元龙编著的《格致镜原》卷三十三引《事物绀珠》称："曲蟮玛瑙，红花内有粉红花。"曲蟮即蚯蚓，是对环节动物门寡毛纲类动物的通称。在科学分类中，它们属于单向蚓目。身体两侧对称，具有分节现象；没有骨骼，在体表覆盖一层具有色素的薄角质层。

财源滚滚·曲蟮玛瑙
尺　寸　3.2厘米×2.8厘米×0.2厘米

闪光玛瑙

由于光线的照射，使玛瑙条纹产生相互干扰，一般有五六种颜色，条纹交错缠绕，出现明暗变化，抛光后更容易发现，此类玛瑙称为闪光玛瑙。当入射光线照射角度变化时，其暗色影纹亦发生变化，十分美观而有趣。新疆产的玛瑙及南京雨花台所产的雨花石中都发现过这一品种，但较稀少。

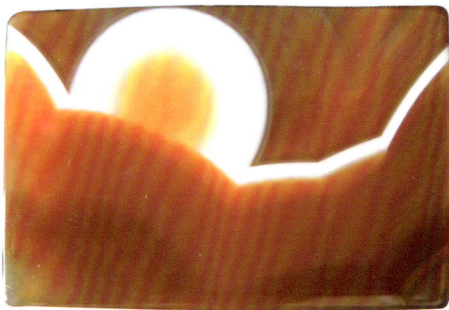

掌上明珠·风景玛瑙

尺　　寸　4.5厘米×3厘米×0.3厘米

鉴石要点　一个粗大的手掌托着一颗晶莹剔
透的宝珠，美不甚收。

风景玛瑙

又 名城砦玛瑙，当玛瑙中的不同颜色、花纹以及不透明杂质等相互组合，形成了人物、动物、植物图案或云海、日出、山水等画面时，就形成了"风景玛瑙"。真正有丰富意境的风景玛瑙并不易得，多是可遇不可求，因而价值也较高。

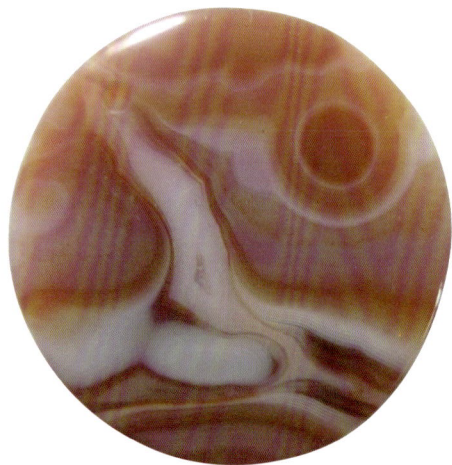

黄河之水天上来·风景玛瑙

尺　　寸　2.8厘米×2.8厘米×0.2厘米

鉴石要点　红白两色，红的像山脉一样，白的如喷
涌的河水，浩浩荡荡。

通灵宝玉·风景玛瑙

尺　　寸　4.1厘米×3厘米×0.3厘米

鉴石要点　造型像红楼梦中的贾宝玉，神游太虚
幻境。

阿拉善玛瑙

阿拉善玛瑙又称"艾壁玛瑙"，因其独有的、罕见的天然色彩而闻名。阿拉善艾壁玛瑙原岩是由800万~1亿年前火山爆发喷射出的岩浆冷却而成的，经过长期的地质变迁和日晒风蚀等自然作用，形成了千奇百怪、绚丽多彩的艾壁玛瑙。

市场行情

阿拉善玛瑙近年来的市场行情比较看好，由于这些玛瑙具有极高的观赏价值、经济价值和收藏价值，已经出口到了新加坡、日本、韩国、美国和我国台湾、香港等地区。

代表石种

葡萄玛瑙是阿拉善玛瑙中最具代表性的一种，它坚硬如玉、晶莹剔透、色彩绚丽，呈浅红至深紫等色，半透明，造型奇特，并且形成条件十分苛刻。由于过多开采，现在已经很难觅得。物以稀为贵，葡萄玛瑙的价值近年来也在不断上升。

天雕鹰鹫·葡萄玛瑙

尺　寸　43厘米×98厘米×30厘米

鉴石要点　天生丽质的葡萄玛瑙，珠玑连片，剔透晶莹。而这温润、明净的宝贵石体，竟出落成一只形神皆备的鹰鹫。那简洁而清晰的头部，鹰喙紧闭，神情专注地俯首而瞰，流畅的线条勾勒出束羽耸翅的肩背，而轻轻向后滑下，将硕健的身躯完美展示，其掠羽垂尾之神韵，惟妙惟肖，虽无鲲鹏展翅、翻动扶摇之态，却有背负青天、俯瞰九洲之神。天雕鹰鹫，一日风起，便高举雄飞！

阿拉善玛瑙手串

尺　寸　1.9厘米，7粒

阿拉善玛瑙眼石
尺　寸　1.2厘米，13粒

葡萄玛瑙主要产于内蒙古阿拉善盟苏宏图一带。该石坚硬如玉，摩氏硬度为6.5～7度，晶莹剔透，色彩绚丽，呈浅红至深紫等色，半透明，造型奇特。石上通体满布色彩斑斓、大小不一、浑然天成的珠状玛瑙小球，互相堆积，流珠挂玉，犹如串串葡萄。有的石上偶有似鱼眼睛一样的玛瑙珠。

葡萄玛瑙石的成分主要是二氧化硅，形成于火山口附近的大型空洞中，硅胶热液无法充满整个空间，即以某一质点如砂粒、泥块、水滴凝聚成珠状球状或水滴状，后来者附着于先期形成的珠体上，或悬于洞顶，或长于洞底，或挂于洞壁，越长越大，构成串串葡萄状。在此后漫长的岁月里，岩洞被黏土所充填，因此葡萄玛瑙多埋于泥中，亦起到很好地保护作用。葡萄玛瑙石是内蒙古的独特石种，由于形成条件十分苛刻，产量非常稀少。

阿拉善玛瑙眼石
尺　寸　1.9厘米，9粒

阿拉善玛瑙眼石
尺　寸　1.5厘米，12粒

弥勒佛挂件·南红玛瑙

尺　寸　3.9厘米×3.6厘米

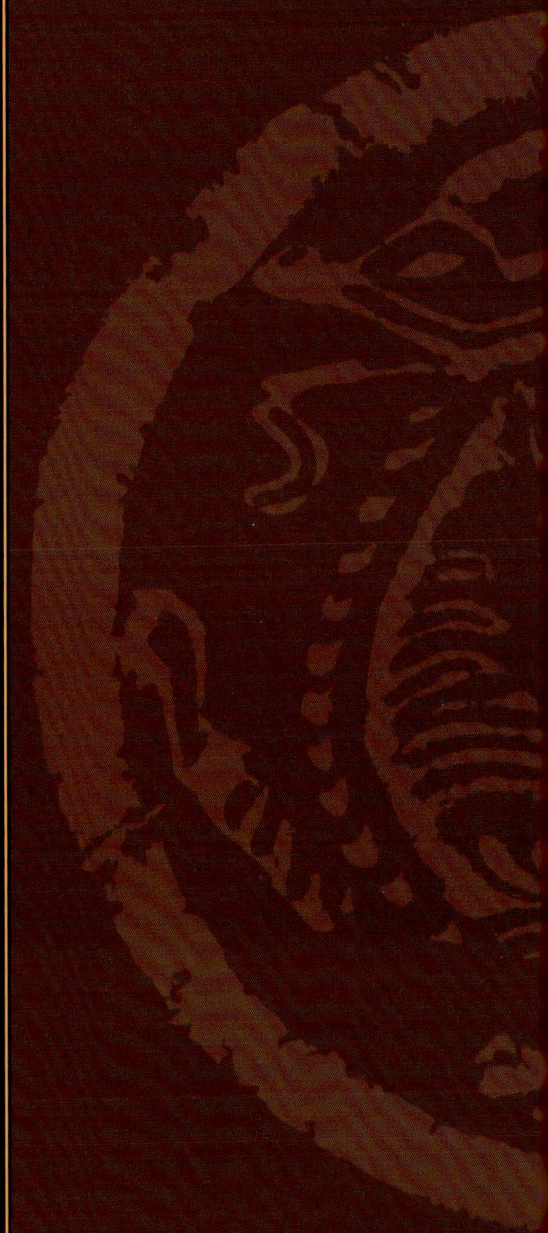

第三章

南红玛瑙，收藏市场的潜力股

独具魅力的南红玛瑙

"南红"是中国特有的红玛瑙品种，最近几年才开始在珠宝玩家之间流行。虽然流行的时间较短，但南红热现已几乎席卷大江南北，成为珠宝市场上最热的品种之一，其价格也如坐火箭一般，屡创新高。

独特的"红"

南红玛瑙最早发现于云南保山。明代的《徐霞客游记》在《滇游日记十一》篇中对南红玛瑙就做过详细记载："上多危崖，藤树倒罨，凿崖进石，则玛瑙嵌其中焉。其色月白有红，皆不甚大，仅如拳，此其蔓也。随之深入，间得结瓜之处，大如升，圆如球，中悬为宕，而不粘于石，宕中有水养之，其晶莹紧致，异于常蔓，此玛瑙之上品，不可猝遇，其常积而市于人者，皆凿蔓所得也。"其后，明万历年间学者徐应秋所著的《玉芝堂谈荟》也谈到了南红："生南方者色正，红无暇，生西北者色青黑，谓之鬼面"，"红色者为重，内有五色缠丝者胜之"。由此可见，南红玛瑙在明代就掀起了收藏热。

钻石玛瑙

据传，南红玛瑙在清代乾隆年间一度绝矿，直到2009年，四川凉山彝族自治州新矿被发现，这才让南红玛瑙回归人们的视野。

在2009年前，南红玛瑙料非常便宜，二三百块钱一斤，最便宜时甚至5块钱一斤都没人要，几乎是一文不值。可世易时移，现在的南红料可卖到一千多到两千多元一克，南红玛瑙也被人们戏称为"钻石玛瑙"。

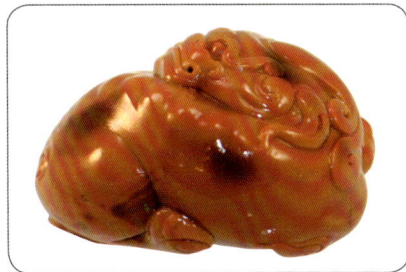

瑞兽挂件·南红玛瑙（正、侧、背）

尺　寸　4厘米×5.5厘米×3厘米

鉴石要点　整件瑞兽把件颜色均匀，所雕瑞兽憨态可掬，沉稳地柿子红颜色使
　　　　　得瑞兽的祥瑞之气跃然而出。

柿子黄南红玛瑙配绿松石福珠·南红玛瑙

尺　寸　每颗直径12.3厘米，108粒珠子

鉴石要点　颜色呈柿子黄色，108粒代表的意思
　　　　　是求证百八三昧而断除百八烦恼，从
　　　　　而使身心能达到一种寂静的状态。

南红玛瑙的主要产地

随着勘探技术的进步，目前市面上南红玛瑙的主要产地为云南西部边陲的保山老矿和四川凉山、甘肃省迭部县新矿。南红玛瑙因此也有了新的定义，即产自中国西南部的一种颜色艳丽、观感瑞泽的红玛瑙的统称。不同产地的南红玛瑙，在颜色、温润程度上有一定的差别，市场价也有较大差距。

云南保山，南红玛瑙最早的发掘地

云南省保山市古称永昌，辖隆阳、施甸、腾冲、龙陵、昌宁一区四县72个乡镇（街道办事处），位于云南省西部，距昆明498千米，内邻大理、临沧、怒江、德宏四州市，外与缅甸山水相连，腾冲、龙陵2个边境县的国境线长167.78千米。

保山历史悠久，西汉置不韦县，东汉永平12年（公元69年）设永昌郡，是中国历史上第一条国际商道"蜀身毒道"——南方古丝绸之路的要冲，"南方丝绸古道"经保山至缅甸的密支那，再向西到印度雷多，比从广东、广西港口绕道马六甲海峡运程缩短近5000千米，是中国沟通南亚次大陆的最便捷"桥梁"。

保山的资源也极为丰富，主要有水能、煤炭、地热能、天然气、太阳能五大资源，开发前景极为广阔。

云南保山南红简称滇南红，是具有悠久历史的玛瑙品种，该地区所产出的红玛瑙颜色鲜艳，但是色调偏灰，色域较宽，可以呈现粉白、粉红色、橘红色、朱红色、正红色、深红色、褐红色等不同颜色。表面容易出现雾状结构，看起来有模糊感。且雾状结构中的雾近白色调而非红色调。出现白芯的部分容易出现半水晶质特征。

云南保山的南红玛瑙也称滇南红，矿脉属于沉积岩，呈现层状分布，离地表较近，虽然储量不少，但在几千年的地壳运动和侵蚀风化过程当中，产生了不少绺裂，有些甚至变成碎渣。由于玛瑙多裂所以很少有大件出现，故也有"无裂不南红"之称。

保山南红有两个主产区——杨柳乡和东山。杨柳乡就是《徐霞客游记》中记载的南红产地，这也让人们曾一度产生了误解，认为杨柳乡是保山南红的唯一产区。其实不然，保山四面环山，所有的环山上都有南红产出，以杨柳乡和东山为多。杨柳乡在保山西面，所出南红料多夹杂在玄武岩中，品质较好，色艳而完整。

东山位处保山之东，包含了几个乡镇的几十个大小不一的坑口。东山所出的南红料多是在泥土里，但是又不像川料呈椭球状。与杨柳料相比较，东山料裂比较多，完整度不高。

近年来，来自北京、广东、福建等地的珠宝商人纷纷踏足云南南红玛瑙市场。据介绍，目前云南保山市已经对民间私采行为进行了约束和限制，政府从整体布局对南红矿脉进行统一规范开采，但市场上对南红玛瑙商品仍存在大量需求。

弥勒佛·南红玛瑙

尺　寸 3.8厘米×6.3厘米×2.6厘米

鉴石要点 弥勒佛双耳垂肩，脸上满面笑容，笑口大张。身穿袈裟，袒胸露腹。

四川凉山，南红玛瑙的新脉矿

四川凉山彝族自治州位于四川省西南部，是全国最大的彝族聚居区，也是四川省民族类别最多、少数民族人口最多的地区，东北分别与宜宾、乐山两市接壤，北连雅安、甘孜两地区，南与攀枝花市毗邻，东、南、西还与云南省相连接，全州幅员面积6.04万平方千米。凉山州辖西昌市、德昌、会理、会东、宁南、普格、布拖、昭觉、金阳、雷波、美姑、甘洛、越西、喜德、冕宁、盐源、木里藏族自治县共17个县（市）。

凉山州府所在地西昌市，素有"月城"的雅称，也是闻名中外的航天城。凉山地处攀西裂谷成矿带，是中国乃至世界罕见的"聚宝盆"。现已探明矿种84种，有相当储量的达60种，其中特大型、大型矿床30处，中型矿床63处。

凉山州的钒钛磁铁矿保有储量居四川全省第二位，轻稀土储量居全省第一位，被誉为"中国乌拉尔"。

四川凉山主要有四个玛瑙产区：四川凉山州美姑县九口乡坑口、四川凉山州昭觉县庆恒乡坑口、瓦西坑口、联合坑口。凉山产出的南红玛瑙整体品质良好，完整度佳，其颜色纯正，红色鲜艳。

九口位于美姑县西南，这里出产的南红是凉山料品质相对最好的，且经常出大块玛瑙料。具有完整度高、少绺裂、颜色鲜艳、质地油润等特点。

乌坡是2011年上半年开始挖掘的新坑，因此较少有外地人涉足，位于昭觉县境东北部。出产的南红比九口料稍差，颜色均一，且多为纯正的艳红，有较大的材料出品，但完整度较低。

瓦西坑口的开采条件较差，位于美姑县东部。出产的南红颜色均一性较差，重量较小，很少有500克以上的原石出现。

联合位于美姑县境南部，坑口在地表或靠近地表的浅层，比较容易开采，也因此发现得比较早，但是出产的南红

雄鸡报晓·南红玛瑙

尺　寸　3.2厘米×4.2厘米

鉴石要点 锦红料雕刻而成，鸡与"吉"谐音，因此有着大吉大利的美好寓意，也寓意一鸣惊人。

两极分化严重，好的极好，差的极差。

四川凉山州美姑南红玛瑙是最近几年才被发掘出来的，虽然时间短，但因为赶上了南红市场的这波热潮，可谓是"一鸣惊人"，行情跟着水涨船高。

甘肃甘南，南红玛瑙的集散地

近年来，甘肃省甘南藏族自治州迭部县也发现了南红玛瑙料，被人们称为甘南红或甘肃料。

迭部县位于甘肃省甘南藏族自治州东南部，地处青藏高原东部边缘甘川交界处。北靠卓尼，东连舟曲，东北与宕昌哈达铺毗邻，西南分别和四川若尔盖县、九寨沟县接壤。东西长110千米，南北宽约75千米，总面积为5108.3平方千米，辖11个乡（镇），总人口5.6万人，其中藏族占77%，年均气温6.7℃，气候温和湿润，四季分明，冬无严寒，夏无酷暑。迭部古称"叠州"，藏语的意思是"大拇指"，被称为是山神"摁"开的地方。

甘南红的产地以迭部县为中心，沿嘉陵江沿岸直到阿坝藏族自治州都有分布。由于过去这类玛瑙的使用对象主要是藏族，有些收藏者也把这里产的玛瑙简称为"藏系南红玛瑙"。

甘南红色彩纯正，颜色偏鲜亮，色域较窄，通常都在橘红色和大红色之间，也有少量偏深红的颜色。甘肃南红硬度异常的高，料的块度较小，很少有雕刻物件。原矿形态多为异形，表面有类似于戈壁玉一样的油脂层，年代久远则表面产生自然龟裂的风化纹理。

大象挂坠·南红玛瑙

尺　寸　3.6厘米×5.7厘米

鉴石要点　俏色巧雕，利用中间灰色部分雕刻成一只大象的头，造型生动形象，颇显灵气。

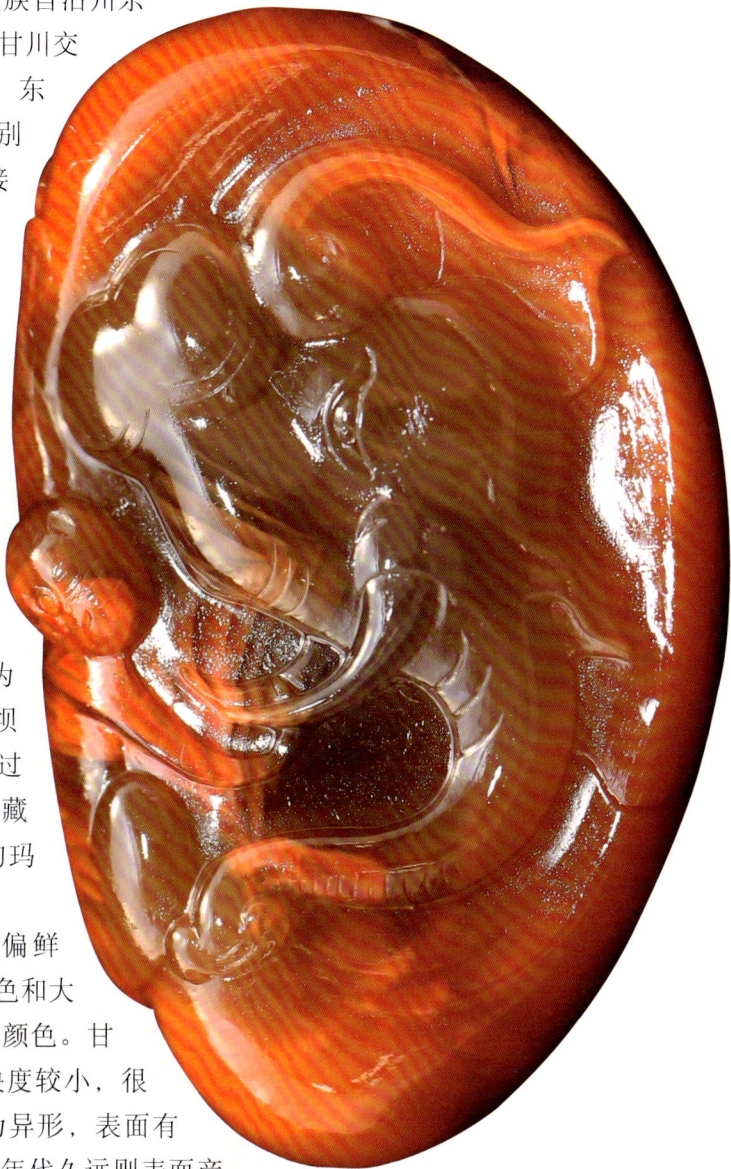

南红玛瑙的主要种类

根据南红原料的出产形式，一般可分为：水料、山料、火山料。水料南红是指玛瑙在有流水的环境中发掘出来的，山料是在山上的矿洞中开采而出的，火山料是指在火山沉积岩发掘而出的。水料比山料纯净，南红玛瑙一般都易碎和多筋裂，但是水料因受多年的水流冲击，易碎有裂的部分都已被剥离，只留下了纯正的南红原石。水料的块度一般不大，是做吊坠或者珠子的优质好料。南红玛瑙的颜色一般都是以红色系为主，按颜色又可将南红分为：锦红、柿子红、玫瑰红、朱砂红、红白料、缟红料等。

锦红

锦红料细腻润泽，均匀通透，以红得纯正、艳如锦缎而闻名。锦红玛瑙属于南红中的上上品，但产量较低，市面上比较少见。

柿子红

较锦红次之，颜色偏黄，类似于成熟的柿子，故名柿子红。柿子红是目前市面上最常见的高端南红料，经常被制作成珠串、戒面、雕件等产品，也属于收藏投资潜力比较大的品种。好的柿子红珠子可以达到几万元一颗，而雕刻大师制作的雕件则能卖到上百万元一件。如果接触南红比较少的话，柿子红和锦红很难区分，现在市场上也有一些玉石商人将柿子红和锦红并为一类，一般来说，绵红是更偏近正红色，柿子红则偏黄，更接近于橙红色。还有一种比较低等的南红被俗称为"狗屎黄"，指颜色发暗、沉闷、带杂色的柿子黄，从这一名字也可以看出人们对它并不喜欢，所以价格也很便宜。

花开富贵挂件·南红玛瑙

尺　寸　2.8厘米×4.3厘米
鉴石要点　巧妙地利用红白料中的白色部分，雕刻成一朵盛开的鲜花，寓意事业兴旺。

玫瑰红

颜色比柿子红沉稳，略微带紫，犹如盛开的玫瑰，比较受事业有成的成功人士喜欢。在选择玫瑰红的时候一定注意要挑选那些颜色艳丽偏红的料，有的玫瑰红结晶化较高，所以色感越实的越好。

樱桃红

樱桃红的特点是其颜色就像樱桃的颜色一样，没有柿子红那么艳丽，多为半透明或微透明。打灯看或者对着阳光看，樱桃红没有玛瑙纹，质地均匀、纯净，是制作戒面的最佳选择。云南保山也有产出樱桃红，但是非常少，因此一般市面上叫卖保山樱桃红南红的很大一部分都是拿凉山南红来冒充的。在鉴赏樱桃红料的时候应注意：色彩鲜艳的要比暗淡的值钱；大的比小的值钱；有俏色比没俏色的值钱。

朱砂红

朱砂红的颜色要比柿子红更浓郁些，又比玫瑰红稍淡一些，就好像朱砂一样，故因此得名。也有的朱砂红呈现出近似火焰的纹理，甚是妖娆，有一种独特的美感。

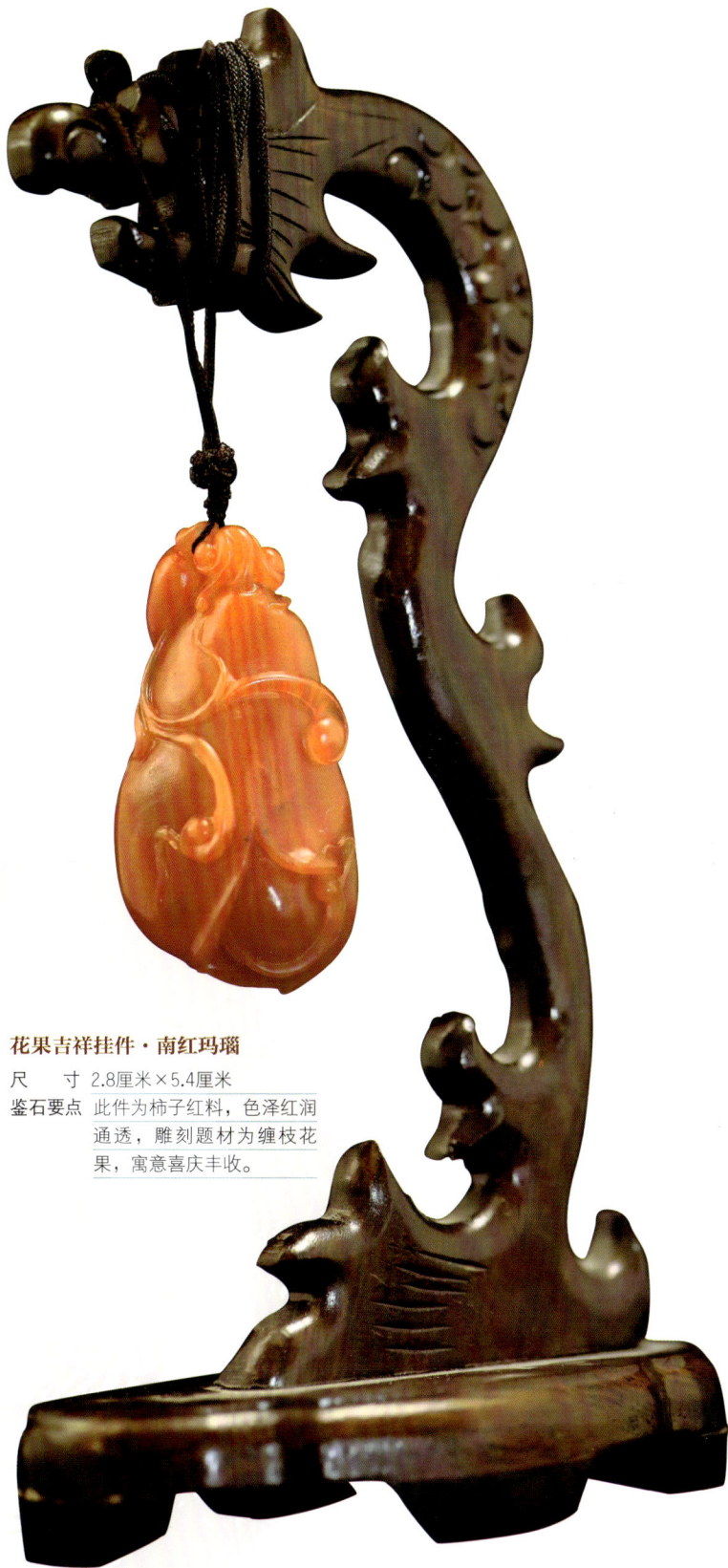

花果吉祥挂件·南红玛瑙
尺　寸 2.8厘米×5.4厘米
鉴石要点 此件为柿子红料，色泽红润通透，雕刻题材为缠枝花果，寓意喜庆丰收。

冰冻

也叫红白料，是红白两种颜色的混合体，红色部分与白色部分相融在一起，没有明显的界限，并且白色部分为半透明或透明状态，外观像果冻一样。优质的南红玛瑙冻料红色部分红润饱满，白色部分通透性好，没有杂质等瑕疵，这两部分边缘相互交融。冰冻料最适宜进行巧雕，能充分发挥雕刻者的创造性，受到玉雕大师的青睐。

冰飘

冰飘是冰地飘红的意思，"冰地"这个词来源于翡翠，"地"就是载体，也可以说是底色。冰飘料也是红白两色的混合体，但以白色为主，以红色作为俏色点缀，其底色大多比较淡，或者无色，清澈透明，晶莹如冰，而红色就"飘"在这样如冰的底色上，红白两色形成鲜明的色差，有的红色还形成了天然的、耐看的花纹和形状。冰飘料在市场上出现的时间要比纯色南红晚一些，价格相对较低。

缟红料

红白二色混杂程度较高，呈现丝状或层状，形成像缠丝一样的花纹，这种南红料叫缟红料。缟红料在南红矿中储量巨大，目前还没有开发出比较好的原料，因此价值不高。

龙图腾手把件·南红玛瑙

尺　寸　3.6厘米×4.4厘米
鉴石要点　龙头的造型别致，雕工细腻，有独占鳌头的寓意。

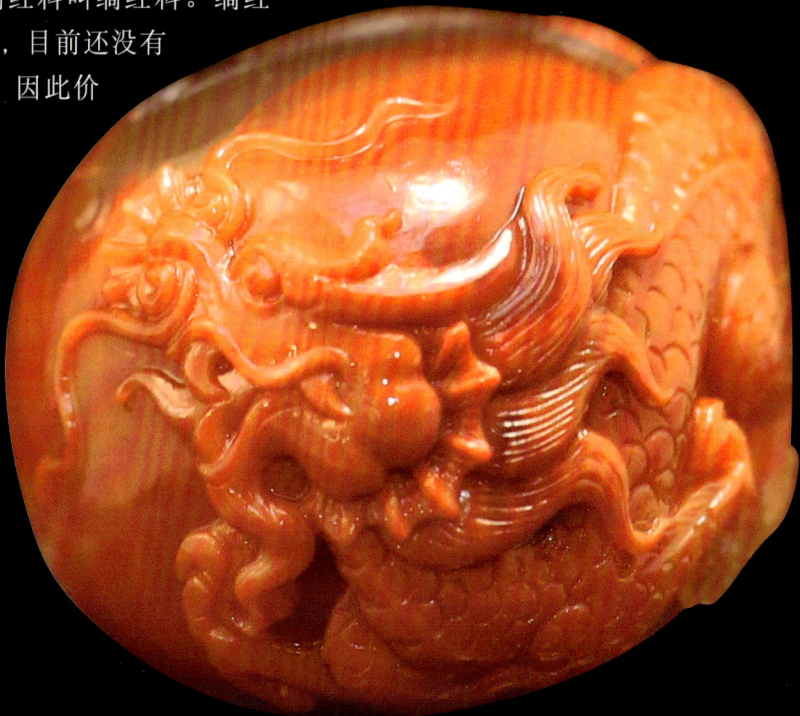

配青金石手串·南红玛瑙

尺　　寸　直径1厘米，108粒
鉴石要点　樱桃红料，微透明，108
　　　　　粒，配青金石与砗磲，质
　　　　　地均匀、纯净。

南红玛瑙的评价标准

鉴定南红玛瑙的优劣可以将颜色、质地、雕工以及块度作为指标来评判，一般来说，在质地相同或相近的情况下，以颜色正红的锦红最为珍贵，玫瑰红料也是上品。除了颜色外，对于南红成品来说，雕刻工艺也非常重要，其重要性有时还会超过颜色。

在南红玛瑙市场，一些商家还流行"满肉"、"满色"的俗语，从字面上理解"满"即为"全"的意思，也可以称为"全是"，满肉一般会和柿子红联系在一起，就是玛瑙里面非常实的那一部分；满色是指颜色比较饱满，没有淡色的部分。

事实上，对于南红的等级分类一直没有相关的权威标准，这些词都是市场上商家随意的叫法，这也从一个侧面说明了南红原料短缺和市场的不成熟、不专业。

佛珠·南红玛瑙

尺　寸　直径0.5厘米

鉴石要点　南红玛瑙配青金石珠，共计108粒。珠子形状均匀，颜色通透。

如果打算将南红玛瑙作为收藏对象，块度也是一个必备条件。

由于南红容易开裂，大块的较少见，所以在其他指标都相同的情况下，块度越大越稀有。从高到低，业内一般将南红玛瑙分为四个等级。

一级品

颜色鲜艳、厚重，以锦红、柿子红为主。油脂感十足，质地致密细腻坚韧光洁。无杂质、砂心、裂纹等其他缺陷。

二级品

颜色鲜艳，质地致密细腻坚韧。无杂质、裂纹等其他缺陷，但具有可以用来巧雕的砂心。

三级品

颜色较艳，油脂感一般，质地致密细腻坚韧。无杂质，但偶尔会具有砂心、裂纹及其他缺陷，有的砂心可供作巧色玉雕。

四级品

颜色较杂带有黑色，偏暗。油脂感一般，偏玻璃光泽。具有杂质、砂心和明显的裂纹，有的砂心可供作俏色玉雕。

关公项链·南红玛瑙
尺　寸　8厘米×4.5厘米
鉴石要点　南红冰冻料，俏色巧雕，利用红的部分雕刻成形象威武充满正气的红脸关公。

观音吊坠·南红玛瑙
尺　寸　2.7厘米×4.7厘米×2.2厘米
鉴石要点　南红冰冻料，题材为观音像，形态端庄，面目慈祥。

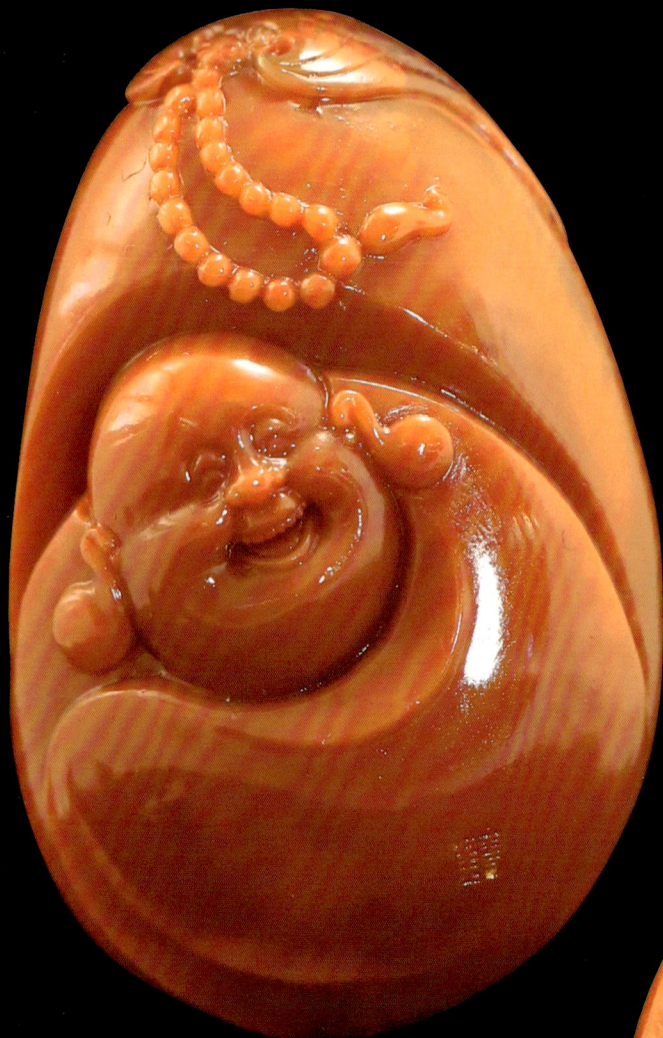

笑佛挂坠·南红玛瑙

尺　　寸　3.8厘米×6.9厘米

鉴石要点　南红料很少有大件出产，稍微大点的多被雕琢成挂坠或者牌子，弥勒佛是最常见的雕刻题材，一方面是弥勒佛从古至今较为常见，另外一方面也表达了人们美好的祝福——无忧无虑、笑口常开。

弥勒佛挂坠·南红玛瑙

尺　　寸　3.8厘米×4.8厘米

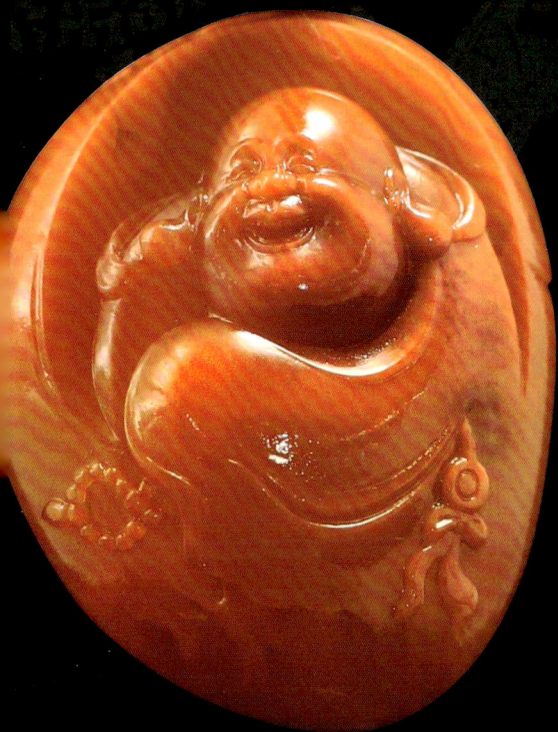

福报挂坠·南红玛瑙
尺　寸　4.4厘米×6.3厘米

大肚能容挂坠·南红玛瑙
尺　寸　3.3厘米×4.5厘米

南红玛瑙的真伪鉴别

与不少高档的玉石市场一样，行情好了就会有造假者进入。如今的南红市场也存在造假现象，常见的作伪方法有以下几种。

烧色

原材料选用普通玛瑙，放入一般的烘炉或者窑口中，有的还会在玛瑙边上适当撒少许铁锈，这样做的目的是为了让铁离子渗入玛瑙内部，使颜色变得更加沉稳。

这种烧色玛瑙外表通红，但是颜色偏暗并且是在表面显色，内外颜色不一致，且缺乏清亮感觉，无法达到真正纯正艳丽的红色；在显微镜下观察有细微的火劫纹，这是由于高温灼烧造成。另外，烧色的玛瑙料质地较脆，容易出现类似玻璃的崩口。

蜘蛛吊坠·南红玛瑙

尺　寸　2.4厘米×3.8厘米×1.1厘米

鉴石要点　蜘蛛在古代又称"喜子"，此件的雕刻题材为一只红蜘蛛从白色的蛛网上降下，寓意"喜从天降"。

染色

将普通的玛瑙原石用硝酸亚铁溶液浸泡一段时候后，再用硝酸钠溶液泡半月，之后捞出来晾干，然后再加热处理。

这种作伪方法由于是用玛瑙原料制作而成的，很多染色的痕迹在开料的时候就消失了，并且颜色也比较均匀，所以不好辨别真伪。由于这种染色玛瑙的水头比较好，缺少南红的那种油腻感，所以大部分都用来冒充保山料特别是樱桃红，也有少数深色的用来冒充凉山料的。

这种染色玛瑙让很多老手都会"打眼"，鉴别的时候注意打光先看内部的朱砂点均不均匀，再看料里面有没有那种黏稠感，因为南红料无论所谓的水头有多好，只要是真矿，就一定会有这种黏稠的胶状感，而染出来的料就缺乏这种性质。

注胶

　　注胶是过去翡翠作伪常用的方法，现在也用在了南红上。由于南红容易变裂，所以大件的珍品很少，而为了满足人们收藏大件的愿望，通过这种注胶的方法就能很方便地做出来。

　　注过胶的原石较易识别，在外层有一层透明包裹体，间有细小气泡存在。雕刻后的注胶南红肉眼较难识别，这种情况下可用放大镜看观察，其内部有较长的细如丝线的平直透明线纹，这种透明线状纹是用环氧胶填充后产生的，和南红中的天然纹理有一定的区别。

冒充南红

　　用其他的石头来冒充南红，常见的就是红碧石。红碧石是产自四川凉山的一种与南红玛瑙非常相似的红色玉髓，特别是原石更是如此。

　　在既不开孔洞也不用强光手电的情况下，用肉眼很难将两者区别开来。如果将表皮打磨后，从肉眼上来看，红碧石显得发干、光泽度差，没有质感，而南红玛瑙则非常温润。用强光手电照射，红碧石几乎是不透光的。

原石造假

　　用水泥和类似火山灰的碎石调和后包裹在部分南红玛瑙碎片上，以此来模仿南红玛瑙原石的表皮。对于此类作伪手段，可从皮形、皮色、打光效果来鉴别。

　　从表皮的形状上来看，天然的南红玛瑙皮是因为火山喷发时在高温灼烧的环境下形成的，皮形迥异，大多外皮粗糙，有些皮层甚至带有明显的纹理。

玉观音挂坠·南红玛瑙

尺　　寸　2.8厘米×5.2厘米
鉴石要点　红白料雕刻而成，白多红
　　　　　少，但颜色通透。

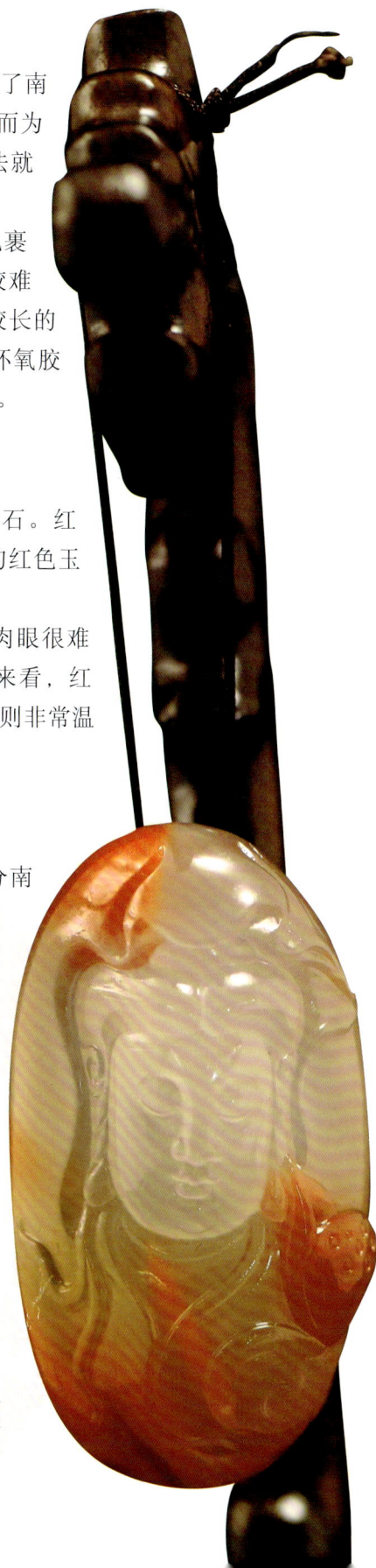

用水泥等物质造假的南红玛瑙原石表皮形态很不自然，没有自然形成的棱角，皮层虽然有粗糙突起物，但或多或少有摩擦做旧的感觉，有些甚至会出现过于干燥的裂纹。天然南红玛瑙原石的表皮颜色多样，有黑、棕、蓝、绿、黄、红等各色混合；而用水泥作伪的原石表皮多为黑灰色，再加上灼烧的颜色，缺少天然南红玛瑙原石表皮的那种自然，这种造假原石用水清洗后还会发生掉色、掉灰现象。

在强光手电的照射下，天然南红玛瑙原石除了部分包浆皮厚的以外，大部分天然南红玛瑙原石隔片打光能看到光晕，而水泥作伪的原石基本看不到光晕。

药片珠手串·南红玛瑙

尺　寸　直径2.06厘米，25粒
鉴石要点　颜色红润，珠子的造型就像药片一样，寓意健康长寿。药片珠有两种，一种呈圆柱形状，一种呈两个圆锥扣在一起的形状，两种都呈薄片状。

算盘珠手串·南红玛瑙

尺　寸　直径1.2厘米，18粒
鉴石要点　每个珠子呈算盘子的形状，中间用碎磲作为隔珠。

十八罗汉佛珠·南红玛瑙

鉴石要点 18粒，南红玛瑙上雕刻
有罗汉面部造型，雕工
细腻，造型逼真。

雕花手串·南红玛瑙

尺　　寸 直径2.6厘米，10粒
鉴石要点 造型独特，珠子的外
形为瓜棱形，珠身上
采用浮雕工艺刻有花
纹图案。

路路通手串·南红玛瑙

尺　　寸 7粒
鉴石要点 外形如过去提水用的水桶，这种形状的珠子一般
称之为桶珠，现在也叫"路路通"，寓意事业与
生活路路通畅、四平八稳。

"保山料"和"凉山料"的鉴别

云南的保山和四川的凉山均是南红玛瑙的主要产地，但由于保山料历史悠久，价格也高，所以市场上也有将凉山料当做保山料出售的。

招财童子·保山料南红玛瑙

尺　寸　3.8厘米×3.1厘米×2.5厘米

鉴石要点　颜色艳丽，半透明，童子造型可爱，寓意吉祥。

保山料的特点

珠宝玉石用肉眼鉴定是最基本的方法，肉眼鉴定的石质是根据宝石特有的颜色、透明度、光色、硬度、包裹体、色散、解理、断口、折射率等特性，来判断一件宝石的优劣与真伪。在这些鉴别项目中，颜色、透明度、光泽、包裹体等都可以用强光手电筒来进行鉴定。

云南保山出产的南红颜色纯净度高，比较艳丽，红色色调偏灰浅，呈浅粉色、半透明，有胶质感，肉眼看上去有雾状感，也有接近透明的无色，大多生长于悬崖峭壁之上，采掘时用钝器敲击使之剥离山体而取，造成玛瑙内部的裂纹很多，完美的材料很少。

四川凉山地区的南红品质较好，其颜色艳丽、润泽、胶质感强，裂纹较少，完整度好。

凉山料的特点

凉山料有玻璃感，在强光手电的照射下，能发现内部有许多细密的朱砂点。保山料在强光手电的照射下，通透性稍差，看上去好像绸缎一般的感觉。凉山料常会出现像火焰一样的火焰纹，它实际上是柿子红和玫瑰红两种颜色交织在一起的一种状态。

凉山南红存在于铁锰质含量较高的砂砾或沙土层中，原石常呈卵圆形（俗称"蛋蛋状"）。

此外，甘肃南部的南红料色彩纯正，颜色偏鲜亮，色域较窄，通常都在橘红色和大红色之间，也有少量偏深红的颜色，但很少见到云南保山南红那样的雾状外观。

南红玛瑙原石（正背）

尺　寸　10厘米×16厘米

鉴石要点　保山南红原石表面光滑且时常带有蜂窝状的坑洼，近年来随着南红价格的上涨，与翡翠一样，南红的"赌石"市场也越来越热。

凉山料南红玛瑙原石

尺　寸　16厘米×11厘米

鉴石要点　凉山南红玛瑙原石上通常会有一层褐色或者黑色的石皮，层皮色就是常年处于高温环境中慢慢氧化而成。

南红玛瑙与普通红玛瑙的鉴别

南红玛瑙是玛瑙大家庭中的一员，并且是其中较珍贵、价值较高的一员。从外形上看，南红玛瑙的颜色更加鲜艳红润，并且用手盘玩时，它给人的感觉也更为油润。也有人总结为，南红玛瑙的玉性更强一些。

内部结构

与普通红玛瑙比较，南红的显著特性体现在颜色上，在强光手电筒照射下，能够看到南红玛瑙的内部结构有无数朱砂点，而其它红玛瑙料则很少见到。

质感

南红玛瑙有独特的胶质感，而其它红玛瑙则很少有。不过，目前多数新开采的南红胶质感已经不如老料那么强烈，品质也稍逊一些。

南红玛瑙原石

尺　寸　8厘米×8厘米

通透感

因为南红玛瑙胶质感的特性，用强光照射的时候，其通透性非常好，有较强烈的朦胧色感。

纹理

老南红玛瑙料因为年代久远，其表面会留下鲜明的风化纹和冰裂纹，这是其特有的现象，其它玛瑙即使伪造也制作不出这样真实生动的效果。

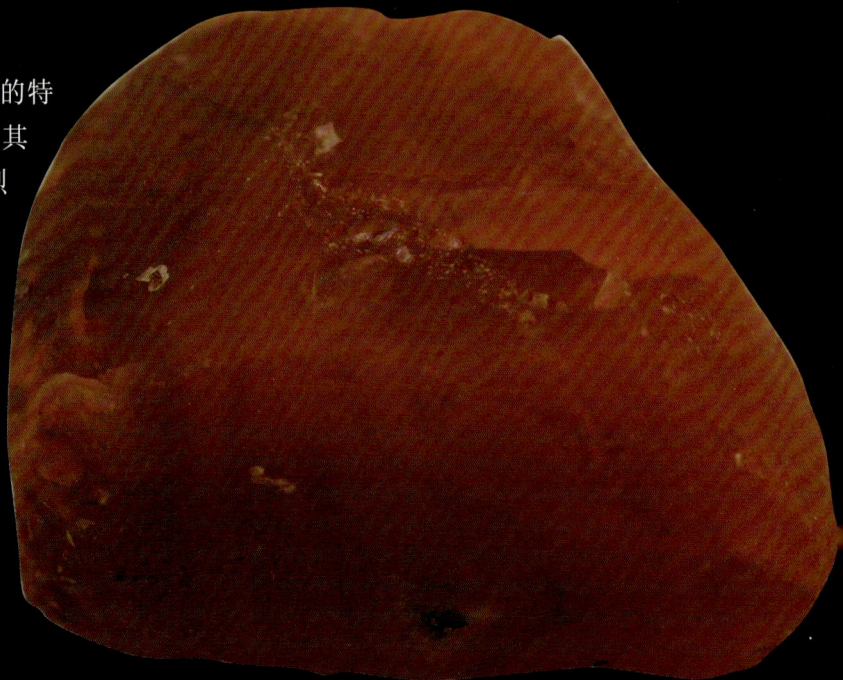

掐丝镶嵌玛瑙心形吊坠·南红玛瑙

尺　寸　6厘米×8厘米

鉴石要点 掐丝镶嵌是一门古老的工艺，
这种工艺制作出的珠宝造型美
观、古朴大方。

普通南红玛瑙原石

尺　寸　5厘米×4厘米

鉴石要点 南红原石只有经过加工才会有观赏价值，
一般的加工是去掉石皮后，选取一部分颜
色好、没有裂纹、砂点的进行加工。

龙珠挂坠·南红玛瑙

尺　　寸　3.8厘米×8厘米

鉴石要点　造型威猛，龙须飘逸，龙嘴微
　　　　　张，龙体弯曲有致，一种不怒
　　　　　自威的观感溢于言表。

如鱼得水挂坠·南红玛瑙

尺　　寸　5厘米×4.5厘米

鉴石要点　金鱼的眼睛突出，尾巴宽大，
　　　　　造型生动，寓意如鱼得水。

和和美美挂坠·南红玛瑙

尺　寸　3厘米×5.2厘米

鉴石要点　一只仙鹤凌空而下，嘴巴落在
了一株盛开的荷花上面，取其
谐音，寓意和和美美。

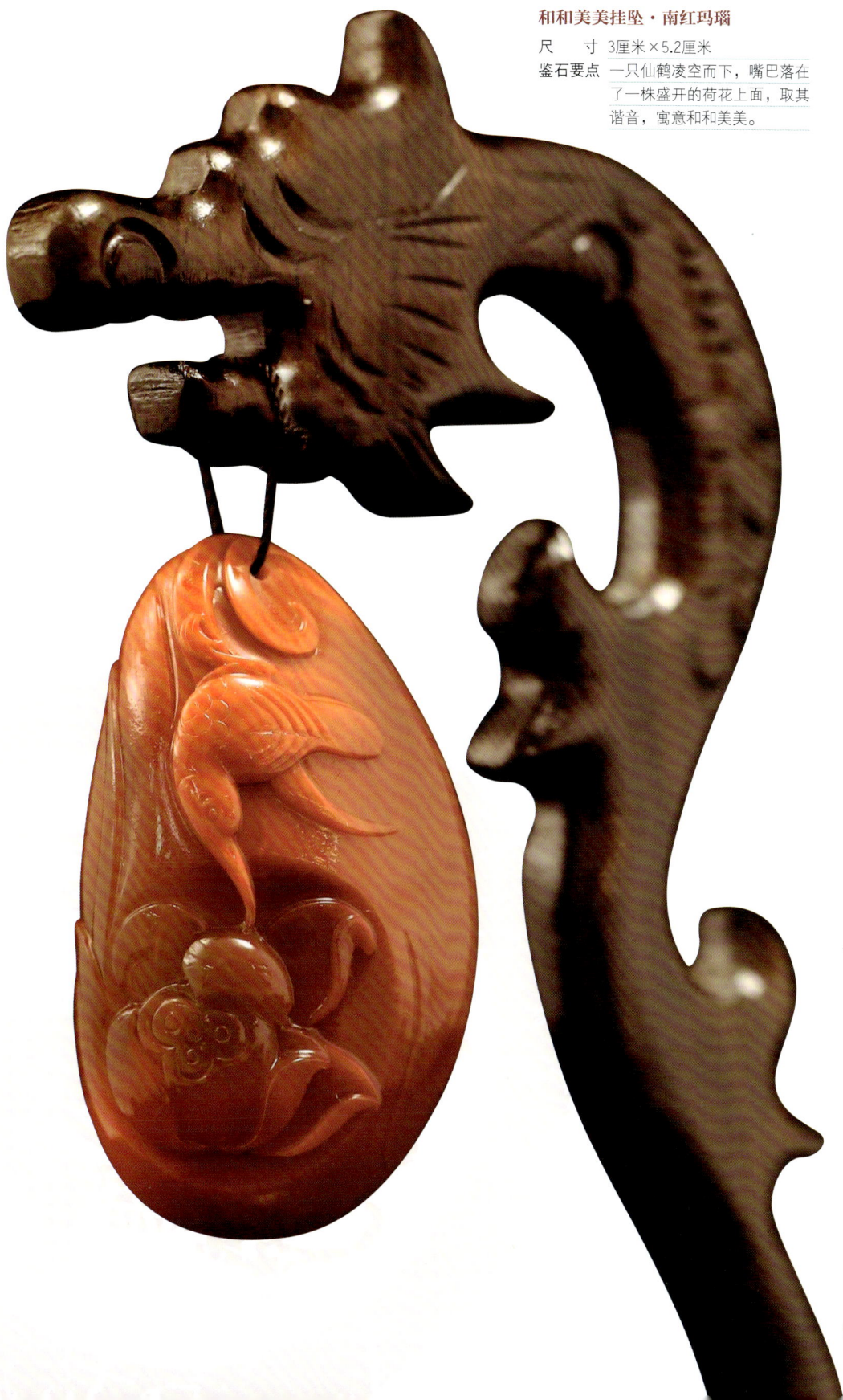

佛福相伴挂坠·南红玛瑙

尺　　寸　2.5厘米×3.4厘米×0厘米

鉴石要点　南红冰地飘料，白色的地子上
　　　　　点缀一片纯红，作品巧妙地利
　　　　　用了这一特点，红色部分雕刻
　　　　　成一只蝙蝠，寓意佛福相伴。

龙凤呈祥手把件·南红玛瑙

尺　　寸　3.4厘米×4.3厘米

鉴石要点　南红柿子红料，雕工细腻，龙
　　　　　头龙角、凤头凤翎栩栩如生，
　　　　　造型活灵活现。

鸟巢挂坠·南红玛瑙

尺　　寸 3.9厘米×4.5厘米

鉴石要点 房檐瓦楞下，一只小鸟
　　　　立在巢中等待着外出觅
　　　　食的伴侣，虚实相生，
　　　　妙趣横生。

花开富贵摆件 · 战国红玛瑙

尺　寸　10厘米×16厘米

第四章

战国红玛瑙，

老料新名成收藏热点

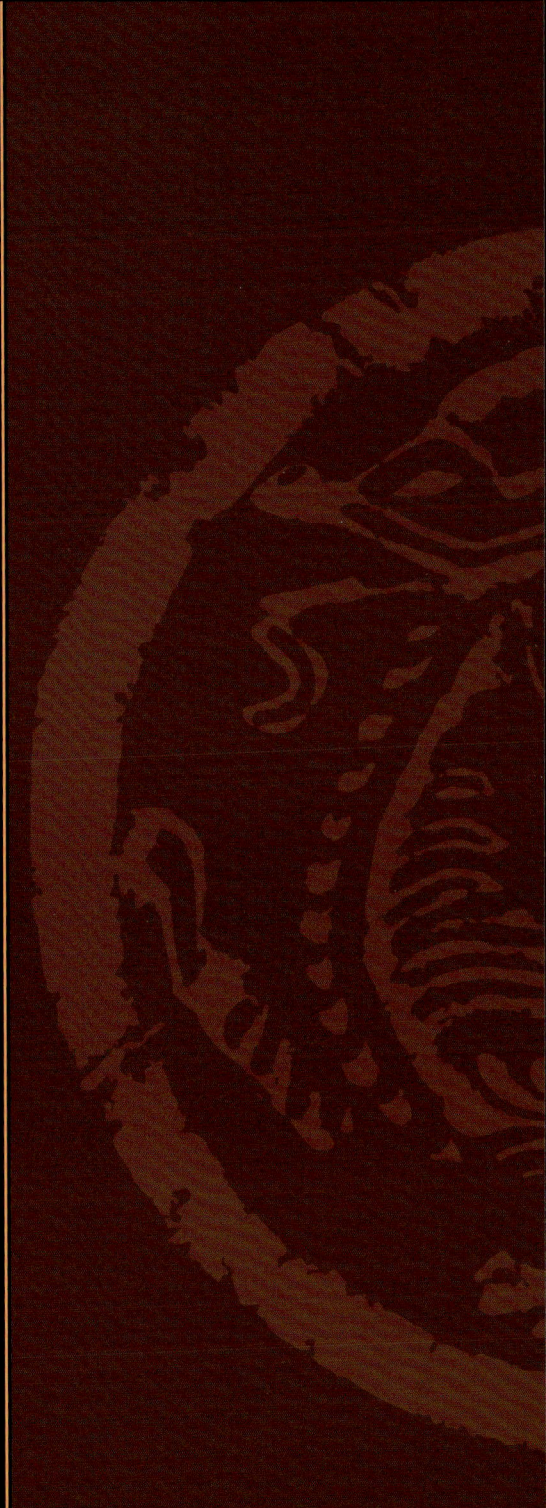

胜似宝石的战国红玛瑙

近两年，一种名为"战国红"的玛瑙品种在珠宝市场上价格飙升明显，它创下了三年价格翻十倍的玛瑙史上的奇迹。战国红主要产于辽宁省朝阳市下辖的北票市泉巨永乡存珠营子村，因形质、色彩及纹路与战国时期出土的红缟玛瑙相同，被称为战国红玛瑙。

更名后的美

战国红一个鲜明的特点是不同颜色的玛瑙色层叠加在一起，色层薄厚变化多端，分界清晰，极少出现两色混合的现象。当色层按一定规律多层叠加，就形成了缠丝结构。

战国红玛瑙实际上是宝玉石界近年产生的一个新名词，它不是玛瑙分类的科学名称，而是特指辽宁北票产的一种红缟玛瑙。因其形同战国时期出土的红缟玛瑙，于是就被称为战国红玛瑙。

玛瑙独有的特点

早期北票所出的战国红矿石，冻料较少，但红黄颜色艳丽，缠丝明显，其中被称为"动丝"、"活丝"或"闪丝"。开采后期冻料出现较多，红黄色艳丽度下降，但缠丝增多，中期偏后出现了土黄料，深红料，料性也趋干，透润度下降，但仍不失美丽与华贵。随着北票战国红矿脉的大面积发掘，各种有特点的原料均有出现，如带水草的、紫冻的、白瓷的。

战国红玛瑙的摩氏硬度在6.5度左右，不透明，质地脆，石皮厚，雕刻难度大，出材率低，因此市场中所见到的战国红多为手镯、手链或较小雕件、半原石作品或原石，极少见到中大型的雕刻作品。这类玛瑙的颜色有红、黄、白之分，以红缟多见。

战国红为岩浆涌入岩石缝隙形成，外围呈放射型激散状，颜色有偏黑，偏白的，俗称冻料或青肉。除了矾心外，

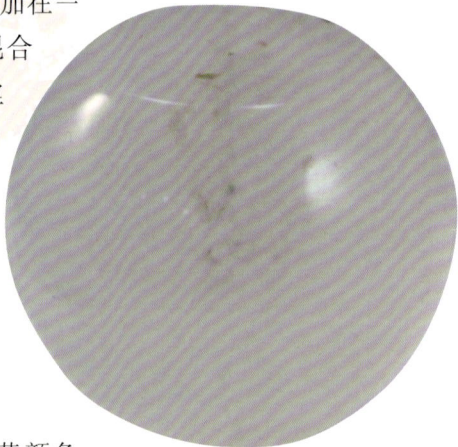

战国红全白料玛瑙珠

尺　寸　高2.9厘米；直径3.65厘米
鉴石要点　此类品种结构与红黄色战国红结构完全一致，丝，矾冻皆具备，就好像黑白电视一般，没有色彩，只有灰度的区分。

也有冻心的原石，冻料的纯在为战国红添加了透光性，使战国红具有更多变化。

当冻料夹在红黄缠丝之间时，就形成了一种特殊现象，这种现象民间俗称动丝，闪丝，活丝，三维丝，形成条件是就是有色（多为红色，少数黄色）玛瑙缠丝之间填充了透明的冻料玛瑙层，且有色玛瑙缠丝间距很小，冻料玛瑙层可透光，在改变视线角度时，产生透光差异，视觉上就好像丝在动。

龙珠把件·战国红玛瑙

尺　寸　6.8厘米×5.4厘米×1.8厘米
鉴石要点　色彩纯正，质地温润细腻，雕刻龙的造型简洁婉约，寓意吉祥。

色泽纹理的特点

战国红玛瑙色泽纹理变化多端，有红、黄、白、黑等多种颜色。而带白色水晶的玛瑙十分多见。这种玛瑙具有质地坚硬、晶莹剔透、色彩艳丽、纹饰美观、造型奇特等特点。纹带呈"缟"状者称"缟玛瑙"，其中有红色纹带者为上品，称为"红缟玛瑙"；有黄色纹带者最为珍贵，称为"金丝玛瑙"。战国红玛瑙之美在于其色的浓艳纯正，其质的光华内敛，其形的温润娇嫩。颜色有红、黄、白，以红缟多见。好的战国红玛瑙其红色纯正厚重，类似鸡血石；其黄色凝重温润类似田黄；其白色飘逸如带，类似和田玉。红缟和黄缟集于一石或全为黄缟者较为珍贵，带白缟的更少见。

玛瑙之乡

北票古称川州，地处辽宁省西部，南临渤海，北接内蒙

鹰把件·战国红玛瑙

尺　　寸　4.7厘米×3.7厘米×3.2厘米
鉴石要点　题材为一种在高空判断的鹰，
线条简约，质地一般。

古，全市总面积4469平方千米，总人口60万，辖29个乡镇、8个管理区、1个省级经济开发区，是环渤海经济圈的重要组成部分，境内现有锦承铁路、国道101、305线、长深高速公路，中心城区距朝阳机场45千米、距锦州港口150千米。早在5500年前，这里就留下了人类活动的印迹，红山文化、三燕文明、契丹古迹闻名遐迩，因最早的鸟类化石和最早的开花类植物化石在这里出土，北票被誉为"世界上第一只鸟飞起、第一朵花盛开的地方"。

北票素有"乌金之埠、黄金之邦、铁石之域、玛瑙之乡"的美誉，境内已探明具有开采价值的矿产达44种，其中铁石储量超5亿吨，黄金年产超万两，煤炭、膨润土、玛瑙石、石灰石、钾长石、油页岩等矿产储量也很大，并已陆续得到了开发利用。

北票战国红的最大特点是其原石中绝大多数都带有矾心，矾心因为质地松散无法抛光，所以成品中如带有矾心，

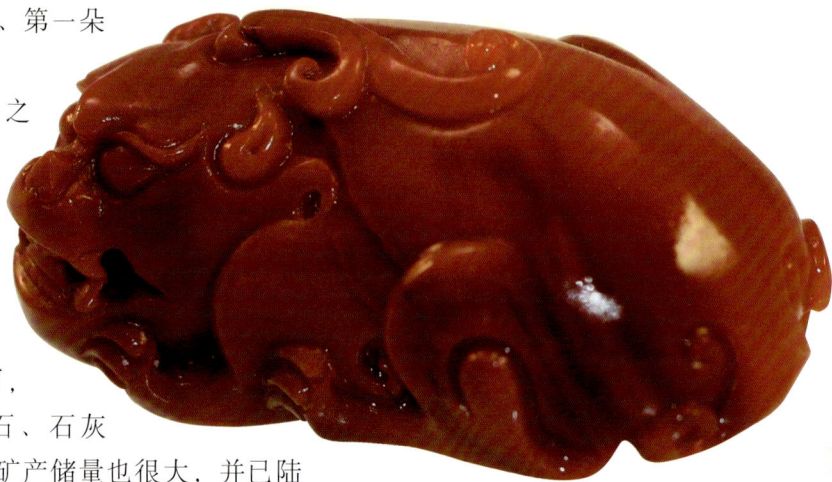

貔貅吊坠·战国红玛瑙

尺　　寸　5厘米×4厘米

一般视为瑕疵。但有极少数的硬矾纯在，虽然也带有矾丝，但是依然可抛光。

北票战国红复杂的缠丝和色带，随着人为切割时的不同角度，呈现出多样的纹理。同一块缠丝料，加工成牌子或加工成珠子，成品会有完全不同的呈现。有些完全由丝组成的珠子，每观察一个部位，都会有新的发现，这也是北票战国红的另一个魅力所在。

把玩北票战国红，必须购买的设备是强光手电和高倍放大镜，手电可以看清一些物件内部的色彩和结构，而在放大镜下能更好地看清一些极细动丝的分层。北票战国红出材率低，十斤以上的大料不多，原石多呈放射型色带状分布于杂石之中，所以有"战国红无大件"的俗语。

相似玛瑙的对比

除了辽宁北票外，类似战国红的玛瑙目前已发现的还有河北宣化玛瑙、浙江浦江玛瑙、山东玛瑙。其中，山东玛瑙也叫齐红玛瑙，这种料的质地通透不凝，多为红色包围透明玛瑙的结构，在市面上比较少见，对市场影响不大。浙江省浦江县的玛瑙目前知名度也较低，但由于其外观与战国红相似，所以已经引起石商和当地人的重视，目前正大量开采。浦江玛瑙的主要特点是通透度较大，黄料中有黄色麻点结构。不过，据当地地矿部门的勘探表明：浦江的玛瑙由于储量小、分布较为分散，没有开采价值。而且浦江出产的这种玛瑙属于玛瑙中的劣等品，市场价值也很低。

佛珠手串·战国红玛瑙
尺　寸　15粒，直径1.6厘米
鉴石要点　红黑两种颜色，色调温和，珠子的大小均匀。

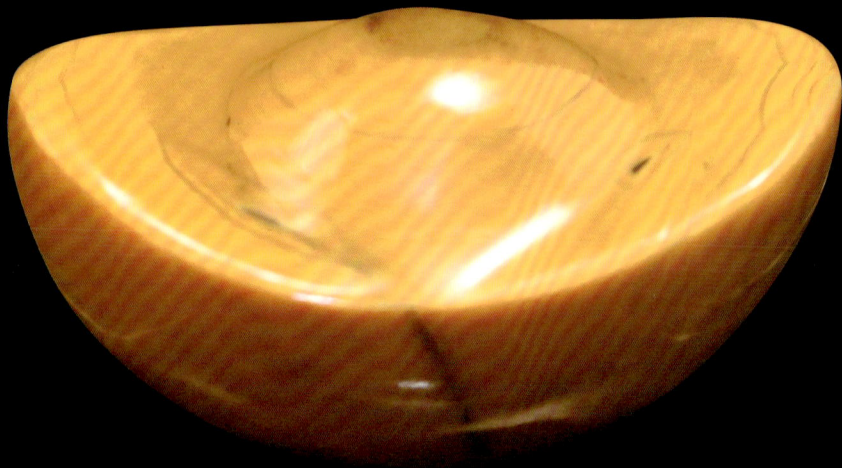

招财进宝把件·战国红玛瑙

尺　　寸　4.5厘米×2厘米

鉴石要点　鸡油黄料，色彩艳丽，过渡自
　　　　　然，质地细腻，油润感强。

花样青春·战国红玛瑙随形把件

尺　　寸　10厘米×6厘米

鉴石要点　颜色丰富，黄、红、黑、灰几乎
　　　　　囊括了战国红玛瑙常见的色调，
　　　　　五颜六色，故取名花样青春。

前程似锦摆件·战国红玛瑙

尺　　寸　7.8厘米×12厘米

鉴石要点　柠檬黄料，黄色清亮愉悦，就
　　　　　像柠檬一般。用浮雕工艺雕刻
　　　　　铜钱串、缠枝纹等，寓意前程
　　　　　似锦。

市价飙升的行情

近几年，在珠宝市场上，"战国红"价格一路飙升，从2009年至今，无论毛料还是成品价格都大约翻了10倍，并且还在一路看涨，成色较好的"战国红"动辄几万元甚至几十万元。从各大珠宝市场战国红的销售情况来看，导致其价格不断走高的原因有三。

矿源稀少

"战国红"价格近几年的暴涨，很大程度源于商家利用这类玛瑙红得扎眼的特性，有意炒作出了"战国红"这一名称概念。其实，在此之前，它只是一种红得较有特点的普通玛瑙，但将此类玛瑙与战国时期出土的玛瑙相提并论后，无形中增加了这类玛瑙的历史文化感。同时在收藏市场上各种奇石销售的疯狂态势，让很多人看好这种矿源稀少的战国红玛瑙的升值空间，并将其当做一个投资品种。

由于战国红玛瑙产地的局限性，目前只在辽宁的朝阳发现了一个山脉的储量，而黄色的产量更是稀少，且随着战国红矿被不断挖掘，其颜色已经大不如前，并且质量也越来越差，地层越深原料的颜色也越深，并且带有很多杂质。战国红料最漂亮的颜色是从地表挖至地下6米之间的颜色，一般为杏黄色、鸡油黄色。正所谓"物以稀为贵"，当地政府2012年4月对这种玛瑙进行了封矿，导致这种以色彩取胜的战国红玛瑙更加稀少，所以其价格也就水涨船高。业内有关专家提醒投资者，战国红一定要收藏其中的精品，即颜色好、图案布局好、象形寓意好、整体无裂少瑕疵的精品。

鼓珠挂坠·战国红玛瑙

尺　寸　8厘米×4厘米

鉴石要点　紫色冻料，紫色部分由暗紫到淡紫过渡，冻料部分呈灰白色。

原料上涨

由于成品价格不断走高，推动原料价格上涨，而原料价格的上涨又成为成品价格飙升的一大诱因，循环往复造成战国红价格的节节攀升。并且由于矿源的局限性及2012年的封矿，其资源的稀缺性也成为其价格走高的一大诱因。加工方面，在战国红知名度还不高的那段时期，基本就是做圆珠，大料做大珠，小料做小珠，极品的大料出手镯，大方章。随着知名度渐高好原石越来越少，出品率低的珠子逐渐被桶珠、勒子、牌子、雕件取代。

成品升值

"战国红"价格飙升和近两年来高档宝玉石价位的"可望而不可及"有很大关系。最近几年，高档的和田玉、翡翠价位动辄几十万元、上百万元，这让不少财力有限的藏家望而兴叹，所以中低档的宝玉石品种开始有了一定的市场空间。

鼓珠挂坠·战国红玛瑙

尺　寸 7.5厘米×4厘米

鉴石要点 通体紫色，肌里有黑色花点，打磨的外形如鼓一样，称为鼓珠。

复古手镯·战国红玛瑙（正背）

尺　寸　6.2厘米×2.2厘米×1厘米

鉴石要点　色泽古朴，内部颜色就好像一团一团的酱斑，造型简洁大方。

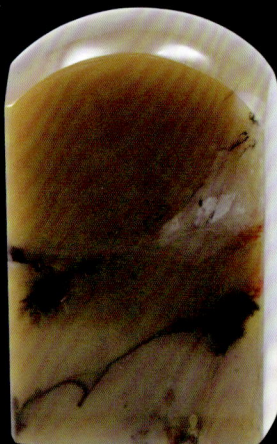

印章·战国红玛瑙（正背）

尺　寸　8.5厘米×2.1厘米×4.5厘米

鉴石要点　印章从古代起就是权力的代表，所以也是各种玉石常见的雕刻造型，战国红也不例外。

盘龙摆件·战国红玛瑙（正侧）

尺　寸　6.5厘米×14厘米×5.8厘米

鉴石要点　此件采用浮雕、透雕等技法，龙的姿态威武，首尾呼应，须发以阴线刻出。摆件表面阴刻团窠荷花纹，技法娴熟，纹饰典雅。

猴子偷桃摆件·战国红玛瑙

尺　寸　10厘米×13厘米

鉴石要点　三只猴的造型迥异，各有特色，活灵活现，有的抱桃，有的摘桃，有的观望，将各种猴趣跃然石上。

富贵有余·战国红玛瑙

尺　寸 5厘米×4厘米

鉴石要点 一朵盛开的莲花下面，两只小
鱼嘴衔水草自由嬉戏，寓意富
贵有余。

北票战国红与宣化战国红的区别

河北省张家口市宣化县出产的玛瑙外形与辽宁北票料非常相似，由于宣化古称"上谷郡"，因此这里产的玛瑙目前在市面上常被称为上谷"战国红"来销售，因其产量巨大，各地市场都常见其身影。《天工开物》下篇《珠玉》中就对张家口地区所产的玛瑙有较为明确的记载"今京师货（玛瑙）者，多是大同、蔚州九空山、宣府四角山所产，有夹胎玛瑙、截子玛瑙、锦红玛瑙……"宣化县古属宣府所辖。北票战国红与宣化战国红的区别主要有以下几点。

料形

辽宁北票料分山料和球料，山料多为板状或块状，剔除围岩后净肉可达几十斤。河北宣化料常见的料形呈球状、蛋状，因此俗称"蛋子料"，石皮薄、少数满料纯净肉，料的中心多数有矾心、冻心或水晶洞。

缠丝

北票料和宣化料都属于缟玛瑙，也即缠丝玛瑙。北票料的缠丝细腻，多折角，丝结构清晰明朗，颜色多变。河北宣化料因多为球状结构，所以缠丝结构为同心圆，折角少，变化不大。宣化料还有一个显著特点是：外圈缠丝多为较宽的色带，且色带中不存在丝状结构，这也是判断宣化料的重要依据之一。

色彩

北票料一向以颜色艳丽而著称，色相纯正，以红、黄色为主，白、黑、绿、紫等色为辅。因多数北票料红黄色界限清楚，因此少有橙色。下品色暗，不艳丽。宣化料

红色纯度好，近似凉山南红颜色，黄色多有偏绿，色彩亮度相对北票低。多混杂墨绿色，多有红黄融合后的橙色，另有紫色、白色等。

宣化战国红原石

尺　寸　18厘米×16厘米

鉴石要点　河北宣化战国红常见的料形呈球状、蛋状，因此俗称"蛋子料"。

质地

北票料油润感好，质地凝润，通透感强，各色层间的层次感突出，通透清晰。少量稍干涩，透光性差。北票料中有水线或石线存在，会部分影响美观。宣化料大部分料石性重，料质干涩。少部分精品具有通透感。整体不够凝，油润感差，通透感流于表面。其色层中也会有沙点，杂质感强。

水头

北票料的水头足，抛光后表面会呈现出玻璃般的质感，看上去通灵剔透。宣化料的石性较重，看上去发干发死。当然也有极少水头足的宣化料，但宣化料一旦水头足料色就会发淡发透。

水草

水草是指在玛瑙的包裹体里面有一种天然的水草状纹路，含有水草的北票料不多，即使有也比较碎小，多为一簇簇尖头状连成一排，常与红闪丝伴生，很少有整颗成大片的草花。包裹体多呈熔融状态，稍有杂质感。而宣化料中则大量存在水草花，有些草花的块度很大，形状成熟，很多时候与黑色的渣泥伴生。

鉴赏战国红"色"字当头

战国红玛瑙具有质地坚硬、晶莹剔透、色彩艳丽、纹饰美观、造型奇特等特点，但仍是以色彩取胜，所以在购买收藏的时候要以"色"为主。

色泽感

同红色一样，战国红的黄色在色度范围上也很宽泛，其中颜色有像柠檬一样的柠檬黄，像凝固了的鸡油一样的鸡油黄等。柠檬黄是战国红黄色中最艳丽品种，色调清亮明快。鸡油黄应该在柠檬黄与橘黄之间，其更强调的是一个油字。还有一种叫土黄的战国红料，颜色暗淡，油润度不高，所以价格相对也低。

荷花吊坠·战国红玛瑙

尺　寸　3厘米×4厘米×2厘米

鉴石要点　颜色红润，质地细腻，造型别致，取莲荷的自然形态，因物设色，花苞、莲子均形态逼真。

复古手镯·战国红玛瑙（一对）

尺　寸　直径5.8厘米

鉴石要点　典型的缟玛瑙，颜色以灰、白、红三色为主，形制大方。

仙鹤吊坠·南红玛瑙

尺　寸 3厘米×4厘米×2厘米

鉴石要点 此吊坠的材质为南红玛瑙，与
战国红相比，南红通透感较
强，没有红黄相间的条带。色
泽饱满均匀，艳红如一，且质
地细腻，手感滋润。题材为仙
鹤、荷叶，寓意和美美。

老子吊坠·南红玛瑙

尺　寸 3厘米×4厘米×2厘米

鉴石要点 南红材质，质地细腻，颜色艳
丽，老子发髻高耸，长眉须
发，以手遮面，线条流畅。

莲子如意把件·战国红玛瑙

尺　寸 4厘米×1.6厘米

鉴石要点 题材为莲子、如意，莲
子寓意连生贵子之意。

勒子·战国红玛瑙

尺　　寸　2.5厘米×6厘米

鉴石要点　桶珠勒子，红黄色相间，有明显的火焰纹，非常符合中国传统的"红为贵，黄为尊"的观念。勒子是挂于胸前或腰间的玉饰，可单独挂，也可与其他玉饰组合挂。

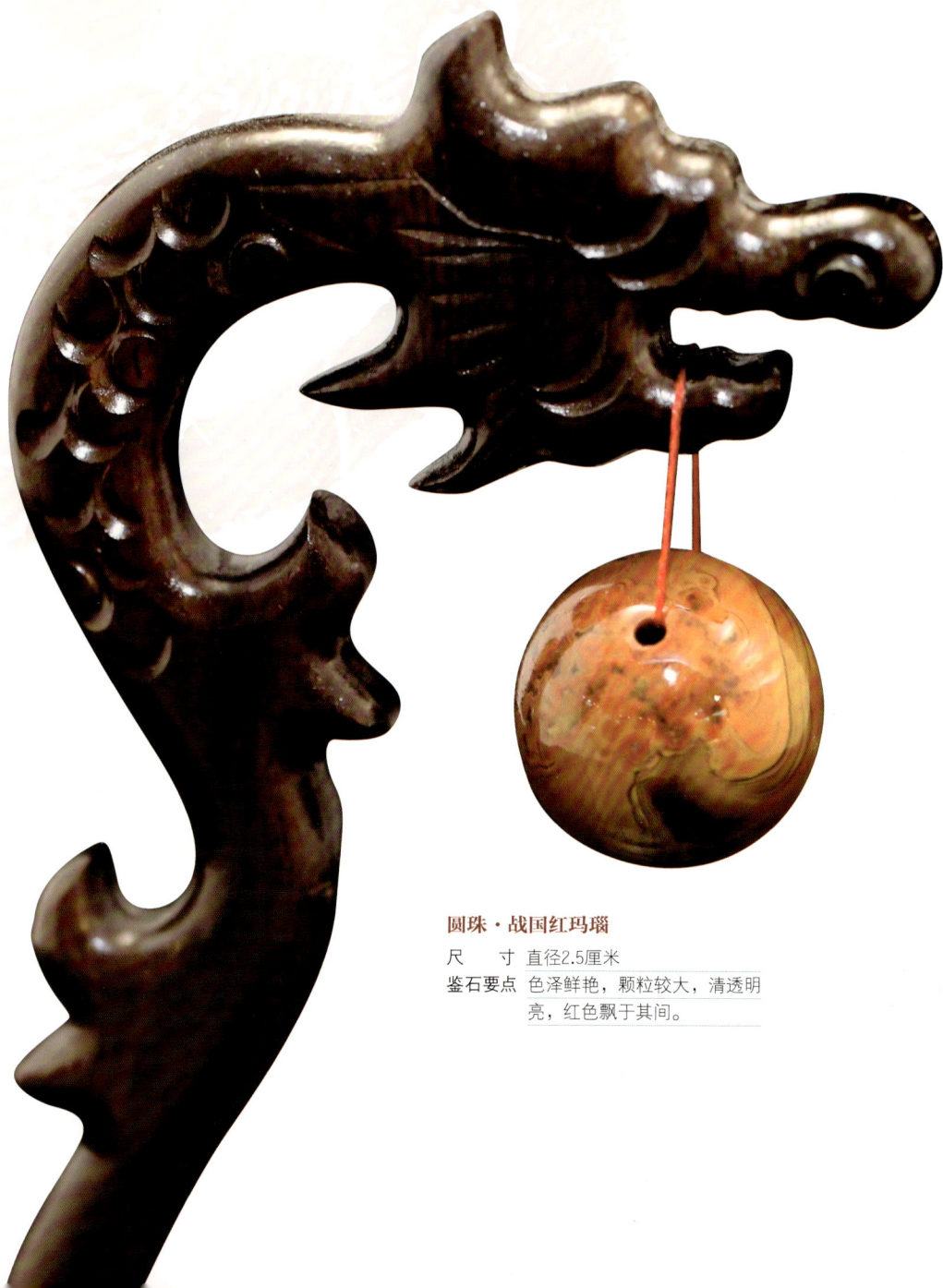

圆珠·战国红玛瑙

尺　　寸　直径2.5厘米

鉴石要点　色泽鲜艳，颗粒较大，清透明亮，红色飘于其间。

富贵有余手把件·战国红玛瑙

尺　寸　5厘米×7厘米

鉴石要点　颜色艳丽，红黄两种颜色为主色调，雕刻后露出透明的矾心，层迭交错，上下掩映。

三脚金蟾·战国红玛瑙

尺　寸　13厘米×11厘米

鉴石要点　金蟾是玉石雕刻最常见的题材之一，寓意生财。此器圆雕一只蟾蜍，四肢着地，呈蹲伏状。粗壮的四肢强劲有力，似在蓄势待发，双目有神，镂雕精细，形象生动。

印章·战国红玛瑙

尺　　寸　2.75厘米×2.75厘米×4厘米

鉴石要点　灰红色相间，缟纹明显，无水
　　　　　晶，无杂质。

如鱼得水手把件·战国红玛瑙

尺　　寸　3厘米×5厘米

鉴石要点　颜色以红、黄色为主，质地细
　　　　　腻。题材为一只在水里自由呼
　　　　　吸的金鱼，寓意如鱼得水。

人生如意·战国红玛瑙

尺　寸　14厘米×15.5厘米

鉴石要点　器型较大，雕刻内容丰富，人生、白
菜、铜钱等均寓意吉祥，象征人生大
富大贵，财运亨通。

战国红真伪鉴别

对于战国红玛瑙来说，人工造假的难度非常高，原因是战国红玛瑙绚丽的色彩、厚重的质感、立体的丝质等，要是人为去仿造这些特性比较困难。所以，常见的作伪方法是用一些相似材质来冒充战国红，像最为常见的鸡肝红、三彩玉等。

鸡肝石

鸡肝石为隐晶质集合体，外表呈猪肝或鸡肝色，摩氏硬度约6.5度，贝壳状断口，也被称作碧石或红碧玉。这种料的产地较多，河北、云南、内蒙古均有产出。鸡肝石除了单色品种外也有杂色，色泽佳、质地好者可以做雕刻材料。

战国红与鸡肝石的区别是，鸡肝石上面的丝确切的说是黑线，偶尔也有白线，是在表面生长的，颜色与质地总体感觉都很僵硬！仔细观察，鸡肝石只是表面光滑，看不到内部的润透！而战国红恰巧相反，颜色是从里到外的，丝质很多都是活丝。

三彩玉

三彩玉产于新疆克拉玛依等处，当地人称为戈壁玉。新疆戈壁彩玉的产量不大，仅限于新疆北疆的几个小地段，而且颜色漂亮，如红色、蜡黄、泥绿等。三彩玉与战国红玛瑙的区别，最简单的就是在阳光下观察，三彩玉有玉的光泽，有很强的油脂感，而战国红玛瑙则会显现玻璃光泽。

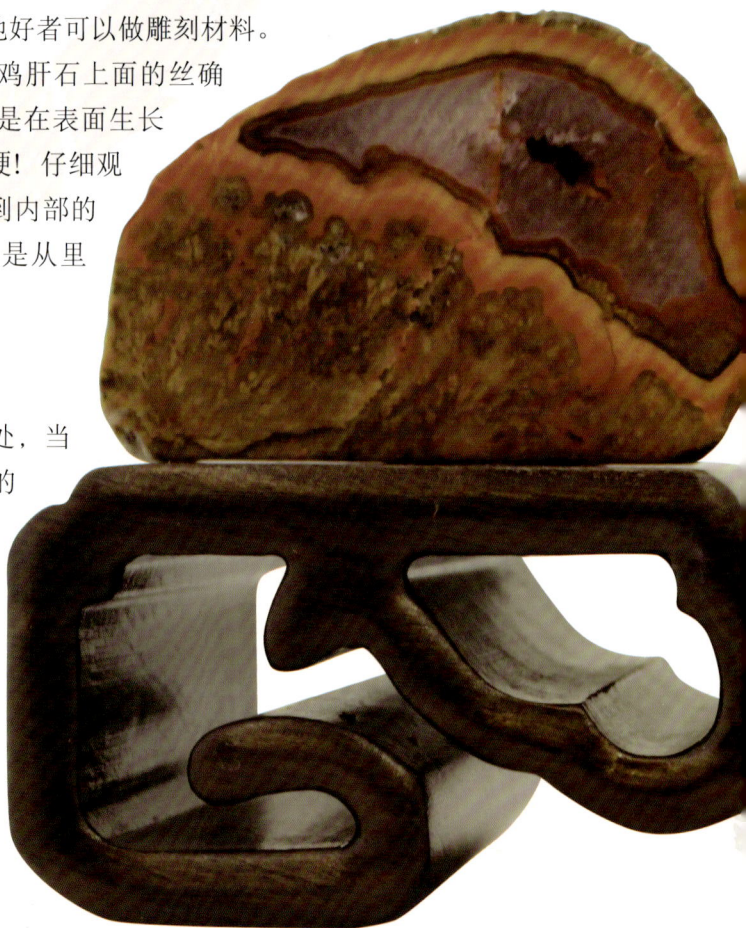

佛珠手串·战国红玛瑙

尺　　寸　大珠直径1.55厘米，15粒；小珠直径1.35厘米，16粒

双鱼摆件·战国红玛瑙原石造型（正侧）

尺　　寸　7.7厘米×7.7厘米

黄鹰·战国红玛瑙

尺　　寸　3厘米×4厘米

鉴石要点　鸡油黄料，通体金黄，题材为一对黄鹰，雕工细腻，栩栩如生。

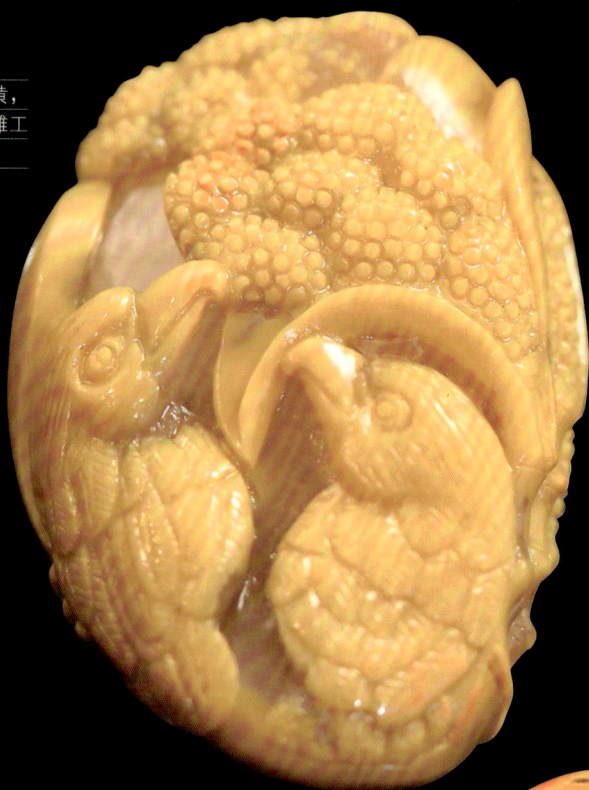

佛珠手串·战国红玛瑙

尺　　寸　直径3.2厘米，18粒

鉴石要点　18颗佛珠是取佛教"十八界"之意，即六根、六尘、六识合和之数，六根是指眼、耳、鼻、舌、身、意，为一切麻烦的根本；与六根相对的六尘指色、声、香、味、触、法；六识则是眼识、耳识、鼻识、舌识、身识、意识。

扳指·战国红玛瑙（2个）

尺　　寸　直径1.9厘米·

鉴石要点　扳指过去是一种射箭时护手的工具，带于勾
　　　　　弦的手指，用以扣住弓弦。同时，在放箭
　　　　　时，也可以防止急速回抽的弓弦擦伤手指。

印章·战国红玛瑙

尺　　寸　3.5厘米×3.5厘米×5.5厘米

鉴石要点　印章按所篆刻的内容来分，主要分为名章和闲章，名章之外，统称为闲章。

数钱把件·战国红玛瑙

尺　　寸　6厘米×7.3厘米

鉴石要点　此件作品寓意深厚，题材为两只老鼠围绕着一对金灿灿的元宝，"鼠"与"数"谐音，寓意数钱。

螭虎穿钱摆件·战国红玛瑙

尺　　寸　10厘米×13厘米

鉴石要点　仿古雕刻，技艺精深，观赏
性强；螭虎身形卷曲，体态
矫健，气韵生动。

富贵吉祥摆件·战国红玛瑙

尺　　寸　13厘米×13厘米

鉴石要点　在一朵盛开的牡丹旁边，一只凤
凰正流连忘返，寓意富贵吉祥。

宝葫芦挂坠·战国红玛瑙

尺　　寸　2.5厘米×3.5厘米

鉴石要点　"葫芦"与"福禄"谐音，民间常用葫芦来
　　　　　表示福禄。

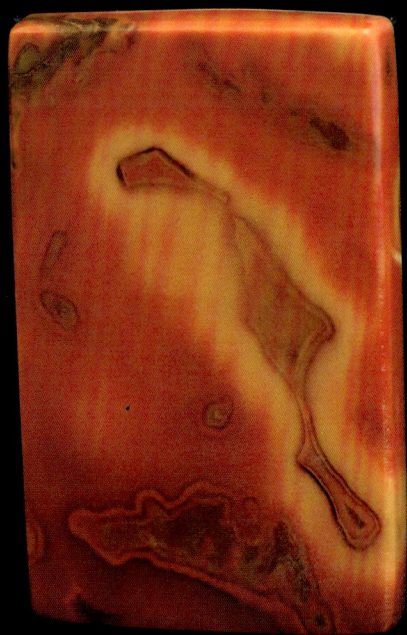

鸿运吉祥挂坠·战国红玛瑙

尺　　寸　2.5厘米×4厘米

鉴石要点　颜色鲜明，图案独特。金黄色的内核中包裹
　　　　　着浅色的绺状纹理，层层叠叠，形态美观。

祥鹤祝寿手把件·马达加斯加玛瑙

尺　寸　6厘米×4.6厘米

第五章

马达加斯加玛瑙，

外来和尚受追捧

外来和尚的魅力

外来的和尚好念经，由于战国红和南红的价格最近几年连续热炒，从2012年开始，产自马达加斯加的玛瑙也跟着在市场上热销。

舶来石的特点

作为一种舶来石，短短几年时间马达加斯加玛瑙已成为继黄龙玉、金田黄之后备受追捧的收藏投资品种之一，其价格也一路走高，从几年前的几十元一块到如今的成百上千元一块。作为矿源十分丰富的马料，很多人认为其产量大不会有好的前景，但是业内专家认为马料的前景可期，它不仅在价位上比其他工种有着相当的优势，同时还具有超强的可塑性，大到摆件、小到杂件都有它的身影，马料已经逐渐成为赏石界的新宠。

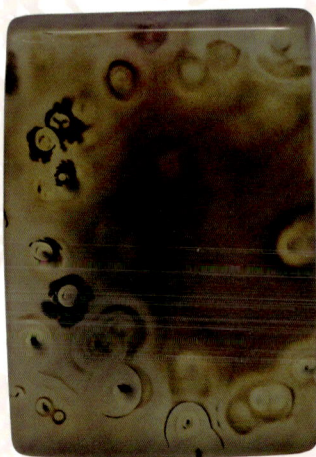

挂牌·马达加斯加玛瑙

尺　寸　4厘米×5厘米

鉴石要点　马达加斯加玛瑙中黄色、黑色比较常见，很多特征已经达到冰彩玉髓的程度，细皮嫩肉，可爱通透。

舶来石的出生地

马达加斯加全称马达加斯加共和国，非洲岛国，位于印度洋西部，隔莫桑比克海峡与非洲大陆相望，全岛由火山岩构成。作为非洲第一、世界第四大的岛屿，马达加斯加旅游资源丰富，上世纪90年代以来，该国政府将旅游业列为重点发展行业，鼓励外商向旅游业投资。居民中98%是马达加斯加族人。马达加斯加是世界最不发达国家之一，国民经济以农业为主，农业人口占全国总人口80%以上，工业基础非常薄弱。

马达加斯加玛瑙的产地隶属马哈赞加（Mahajunga），是马哈赞加省的首府，位于马岛的西北部。马达加斯加玛瑙出产于马哈赞加的一段5千米左

手镯·马达加斯加玛瑙

尺　寸　直径18.6厘米

鉴石要点　质地温润白皙、状如凝脂，其草花图案天然纯真、色彩饱和。

挂牌·马达加斯加玛瑙
尺　寸　6厘米×8厘米

挂牌·马达加斯加玛瑙
尺　寸　4厘米×8厘米

手镯·马达加斯加玛瑙
尺　寸　直径19.6厘米

右的河段当中，枯水季节河流宽50～80米。玛瑙被河里的软泥包裹着，在亿万年的时间里受到河水和软泥的冲刷，于是形成了光滑、圆润的表皮。每年的5月～12月是玛瑙的开采期，因地形条件特殊，难以使用大型的自动化机械，所以多是雇佣当地人徒手挖掘。马哈赞加是马达加斯加第二大的港口城市，濒临莫桑比克海峡，是该国距非洲大陆最近的重要港口。所以，马达加斯加玛瑙进入中国的途径也多是靠海上运输，连云港、厦门、青岛、惠州都是主要的口岸。其中又以连云港和厦门最重要，因为这两地都有丰富的水晶、玛瑙等矿物晶体的报关经验以及成熟的分销和加工市场。连云港的东海县是全国著名的"水晶之都"，而厦门海沧的东埔村也以"玛瑙村"而名声在外。

挂牌·马达加斯加玛瑙
尺　寸　6.2厘米×8厘米

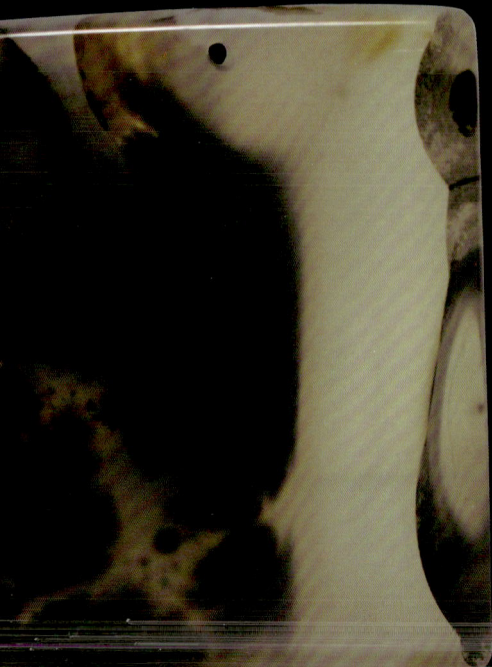

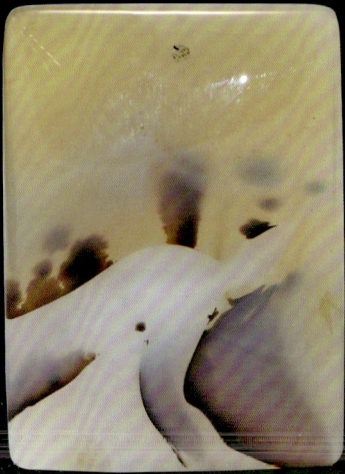

手镯·马达加斯加玛瑙
尺　寸　直径18.4厘米

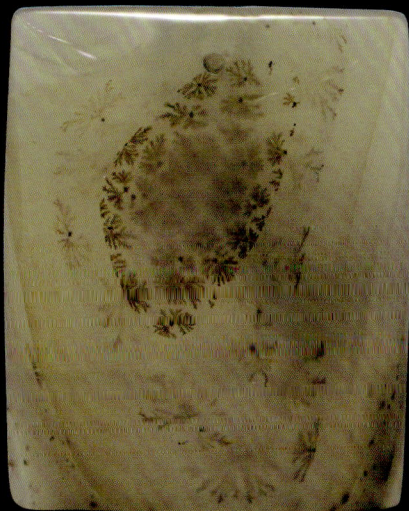

挂牌·马达加斯加玛瑙
尺　寸　5.9厘米×7.2厘米

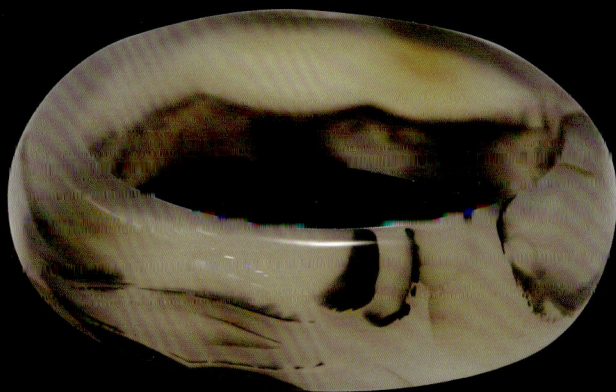

手镯·马达加斯加玛瑙
尺　寸　直径19.3厘米

马达加斯加玛瑙的特点

马达加斯加岛的玛瑙料大多呈卵石状，磨圆度好，明显是经过海水的强力冲刷，有的表面还有黄色或红色的风化石皮，透明度好，灯光一照，晶莹透亮，有的缠丝构造明显，手感比重相对略轻。另外，马达加斯加玛瑙的质地确实较国内常见的玛瑙显得柔和细腻，尤其是断茬处，还有一点和田玉的油润脂粉之感，贝壳状断口特征不明显。

颜色与纹路

马达加斯加玛瑙的颜色清淡细腻透彻，纹路丰富神秘，除传统的缠丝、缟纹、苔藓、水草、千层板及城堡等纹外还有丰富的祥云、流星雨、天眼等美丽图案。

颜色与质地

在马达加斯加玛瑙中，黄色、黑色的纹路比较常见，其各种特征已经达到冰彩玉髓的程度，细皮嫩肉，可爱通透。因为历经长久的海水冲刷，质地较国内常见的水冲玛瑙显得柔和细腻，"皮肉"美艳娇嫩，尤其是断茬处，有些许和田玉的油润脂粉感，贝壳状断口特征不明显，堪称石界新宠。

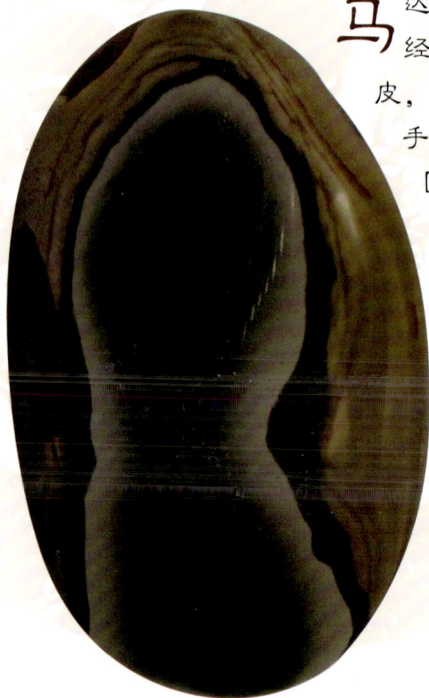

手把件·马达加斯加玛瑙
尺　　寸　7.7厘米×4.8厘米

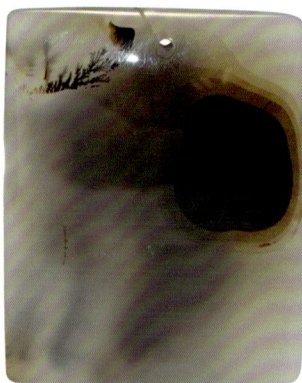

挂牌·马达加斯加玛瑙
尺　　寸　6.2厘米×7.2厘米

凤凰手把件·马达加斯加玛瑙
尺　　寸　11厘米×6.8厘米
鉴石要点　内部造型就像一只涅槃的凤凰，即将开启新的生命征程。

山水手把件·马达加斯加玛瑙

尺　寸　6.6厘米×4.8厘米

漩涡手把件·马达加斯加玛瑙

尺　寸　7.6厘米×5.8厘米

地心引力手把件·马达加斯加玛瑙

尺　寸　7.3厘米×4.9厘米

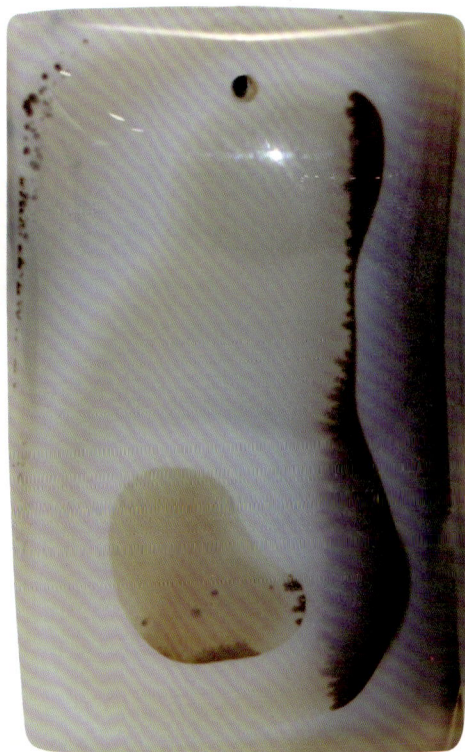

挂牌·马达加斯加玛瑙（正背）

尺　寸　6.5厘米×8厘米

鉴石要点 玛瑙的内部图案就好似一幅水墨丹青，或浓或淡，或深或浅，极具观赏性。

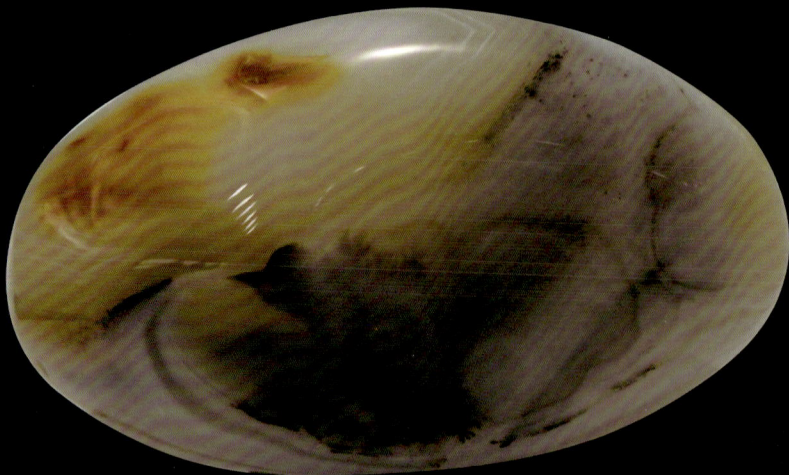

旭日东升手把件·马达加斯加玛瑙

尺　　寸　6.3厘米×4.9厘米

山峦叠嶂挂牌·马达加斯加玛瑙

尺　　寸　6厘米×7厘米

水草手把件·马达加斯加玛瑙

尺　寸　6.3厘米×4.9厘米

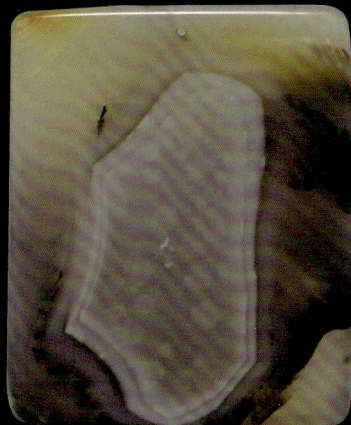

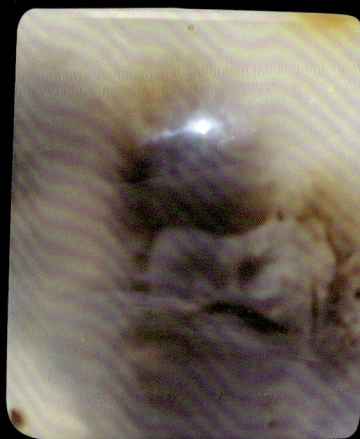

挂牌·马达加斯加玛瑙（正背）

尺　寸　6厘米×7厘米

鉴石要点　质感细腻、通透，图案丰富多彩，在很薄的一层内就有两种风格迥异的图案，令人称奇。

黑面包公手把件·马达加斯加玛瑙

尺　寸　8.6厘米×7厘米

前程似锦摆件·玛瑙

尺　寸　15厘米×27厘米

第六章

眼观六路赏玛瑙，

独一无二的完美艺术品

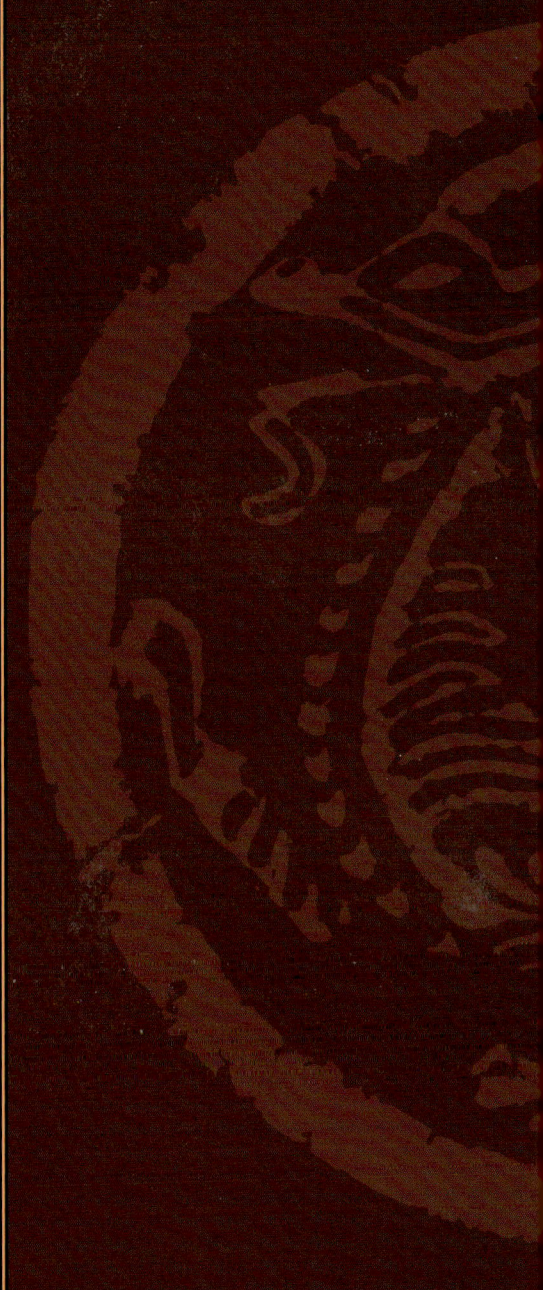

玛瑙的雕刻与鉴赏

玛瑙是否具备升值潜力，除了本身的质地外，还有很大一部分取决于其雕刻工艺。从造型上看，外形如果有特点的玛瑙其收藏价值一般较高。由于玛瑙的质地很硬，制作起来需要有几十道工序，所以造型越是复杂，造价也就越高。越薄的玛瑙雕刻起来难度越大，越有收藏潜力。

雕琢工艺

在中国第一部诗歌集《诗经》中就有琢玉技巧的描绘："如切如磋，如琢如磨。"这就是说，琢玉的工艺程序要经过切、磋、琢、磨等步骤。古代琢玉是脚踏玉盘使其转动，并用解玉沙使玉切开，然后用硬度高的铊钻之类工具雕琢。发展到现代，研制成功了新式琢玉机及许多专用设备，从而结束了繁重的体力劳动，提高了工作效率，增强了玉雕艺术的表现能力，解决了以往难度大的技术问题。然而，琢玉操作技术主要靠手工劳动，现代化代替不了人的高超构思和技巧，因此，人的技艺仍起着主要作用。

玛瑙的雕琢工艺在完全继承了传统玉器加工工艺的基础上，结合玛瑙自身的特点又有了进一步的创新。在创作题材上，玛瑙选材的范围非常广泛。传统玉雕的题材大多选用民间传说以及一些吉祥寓意为题材，亮点是为了体现一种和谐安康之气。而玛瑙雕刻无论是神话题材还是现实写实内容都无所不包，从领袖名人到普通渔夫，从熊

熊烈焰到弯弯溪流，无不表达得活灵活现。

玛瑙雕刻属于雕塑艺术的一个种类，从风格上分有写实与写意两类，其雕刻技艺有圆雕、镂空雕、浮雕三大类。玛瑙雕作品还可分为素活和雅活两类，素活是指以熏、炉、瓶、鼎等器型为主的圆雕及镂雕作品，雅活指人物、动物、花卉等作品。

因为玛瑙的颜色较为丰富，透明、半透明或不透明，在作品的设计与构图上，利用了中国画的散点透视、西方画的焦点透视、图案的平面透视，根据不同的题材内容，因石取势因色造形，因纹施意。充分地体现出玛瑙设计中取舍灵活、综合性强的特点，更能体现出雕刻艺人的独具匠心。

云龙露首·玛瑙（正背）

尺　寸 3厘米×5厘米

鉴石要点 神话中的龙常盘旋在高空的云雾之中，若隐若现，又叫"神龙见首不见尾"，清代·赵执信的《谈龙录》记载称："诗如神龙，见其首不见其尾，或云中露一爪一鳞而已。"清代皇家对龙纹的绘制有比较具体的规定，就是对龙穿插云海的具体身段有了详细说法，最常见的是"一身三现"，是指在绘制整条龙的时候只绘三段，分别是一个龙头，一段龙身，一条龙尾，其余部分绘制云彩，雕刻为成品看上去好像龙被云彩遮挡，若隐若现。也有绘制一身五现、七现、九现的，但数量一定都是单数。

〔圆雕〕

圆雕又叫立体雕，就是对雕件四面上下全部进行雕刻，观赏者可以多方位、多角度欣赏的三维立体雕塑，能从不同角度看到物体的各个侧面。它要求雕刻者从前、后、左、右、上、中、下全方位进行雕刻。圆雕的手法与形式也多种多样，有写实性的与装饰性的，也有具体的与抽象的；雕塑内容与题材也是丰富多彩，可以是人物，也可以是动物，甚至于静物。

由于圆雕作品极富立体感，生动、逼真、传神，所以对玛瑙原料的选择要求比较严格，从长宽到厚薄都必须具备与实物相适当的比例。圆雕作为三维空间的实体，给予人的感受，首先来自它的形体。形体美是圆雕的形式美的灵魂所在。圆雕的形体，不仅要比例匀称、结构严谨，更要通过形体展示形象的动势、情绪与生命力。

弥勒佛手把件·玛瑙

尺　寸 5厘米×8厘米
鉴石要点 采用圆雕工艺塑造弥勒佛像，线条流畅，造型饱满。弥勒佛喜笑颜开，大耳垂肩，憨厚自在。

〔镂雕〕

镂雕也称镂空雕，就是把原料中没有表现物像的部分掏空，把能表现物像的部分留下来。镂雕是从圆雕中发展出来的技法，它能完整地表现物像的立体空间层次。与其他雕刻技法相比，镂雕的技术难度很大，所以从原料挑选、作品布局、刀具配备到雕刻程序等，都与一般的雕刻技法有所不同。

镂雕的原料要求必须质细性纯，尤其是镂空部分，更不应有裂纹和高密度的砂格，否则容易造成断裂。镂雕使用的工具，除一般雕刻刀具外，还需要金刚石钻头、锯片、钩砣、钉砣、什锦锉、抛光机等专用工具。由于镂雕内部景物的用空间的很大限制，只能依靠扩大入刀方向的办法来克服操作上的困难，所以镂雕景物的设计要求最好是多面透空。

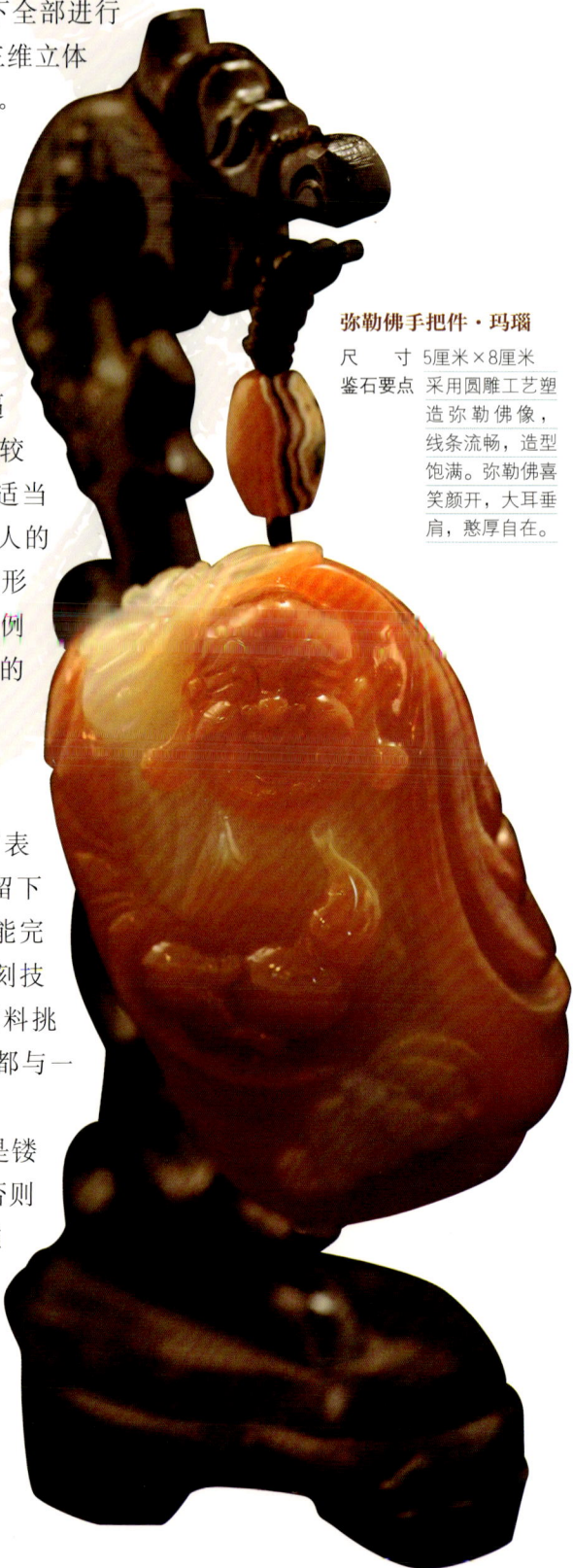

姜太公钓鱼摆件·玛瑙

尺　寸　17厘米×23厘米

鉴石要点　山子摆件，题材为"太公钓鱼，愿者上钩"，太公是指周初的吕尚，即姜子牙，比喻心甘情愿地上当。

镂雕常与其他雕刻技法结合使用，成为整件作品的一个组成部分。由于镂刻内部景物的用刀受到很大的限制，操作不易，艺人不仅需要高度集中的注意力，更要有熟练的圆雕基本功。

浮雕

浮雕是雕刻者在一块平板上将他要塑造的形象雕刻出来，使它脱离原来材料的平面。浮雕是雕塑与绘画结合的产物，用压缩的办法来处理对象，靠透视等因素来表现三维空间，并只供一面或两面观看。浮雕一般是附属在另一平面上的，因此在建筑上使用更多，用具器物上也经常可以看到。由于其压缩的特性，所占空间较小，所以适用于多种环境的装饰。

浮雕为图像造型浮突于玛瑙玉料的表面，属于半立体型雕刻品。根据图像造型脱石深浅程度的不同，又可分为浅浮雕和高浮雕。浅浮雕是单层次雕像，内容比较单一；高浮雕则是多层次造像，内容较为繁复。浮雕的雕刻技艺和表现体裁与圆雕基本相同。古今很多大型纪念性建筑物和高档府第、民宅都附有此类装饰，其主要作品是壁堵、花窗和龙柱（早期）及柱础等。

雕刻工序

一件玛瑙雕刻作品的形成要经过原料选取、观察构思、确定主题、打样去皮、设计定型、精雕细琢、研磨抛光、配座包装等工序。最传统的雕刻工具一般采用脚踩轮带动轴，轴上安有刻片。有电动机后，开始采用电动机带动轴，用横机雕刻。

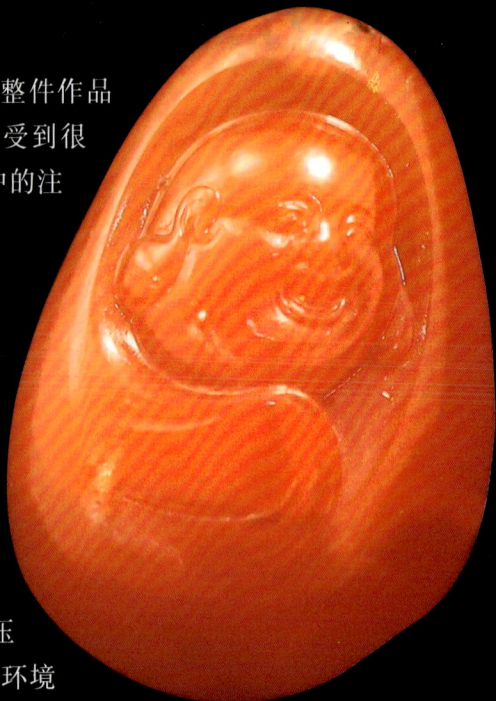

佛挂坠·玛瑙

尺　寸　2.2厘米×2.2厘米
鉴石要点　材质为南红玛瑙料，雕刻的弥勒佛长眉笑目，双耳垂肩，亲切可人。

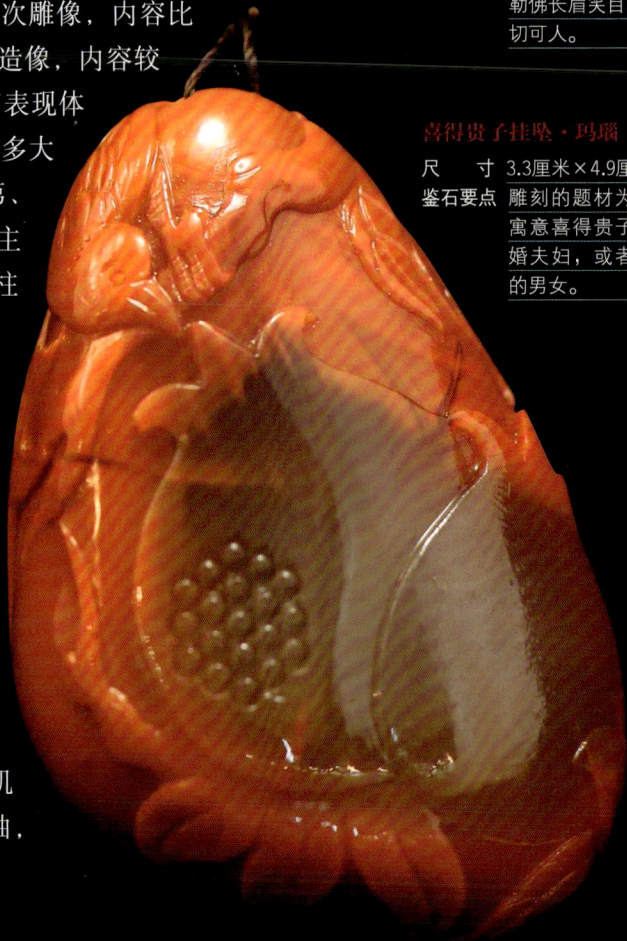

喜得贵子挂坠·玛瑙

尺　寸　3.3厘米×4.9厘米
鉴石要点　雕刻的题材为喜鹊、莲子，寓意喜得贵子，一般送给新婚夫妇，或者刚刚为人父母的男女。

富贵长寿摆件·玛瑙

尺　寸　15厘米×27厘米

鉴石要点　一只绶带鸟落在桃枝上，寓意
富贵长寿。

【原料选取】

玛瑙雕刻一般有两种方式：一种是"量料取材"，就是根据原料设计作品，另一种是"因材施料"，就是根据事先的要求精选原料。前者是大多数玛瑙雕刻艺人采取的方式，后者的加工需要高超的雕刻技法和合适的原材料。

挑选玛瑙原料一般多选取颜色丰富，纹理清晰，形状奇特，不皲裂、无杂质、通透性好的玛瑙料。在实际挑选过程中，能全面达到标准的很少，能够遇到应该是很难得的精品材料。如果不能全面则需要加工者独具慧眼，精心构思，巧妙运用创作手法，去除瑕疵，遮盖弊点使作品更加完美。

【精雕细琢】

在挑选好原料之后，就可以用雕刻机和切割机对坯料进行打磨，做出雕件的大形，这一过程也叫做打坯。打坯是按

龙头摆件·玛瑙

尺　寸　4厘米×4.5厘米

鉴石要点　龙是中华民族的古老图腾，很早就受到先民的崇拜，也是一种神话传说中法力无边神通广大的神物，不但能腾云驾雾，还能呼风唤雨。

照设计要求将原料雕琢成形，逐步达到设计的基本造型，这一环节是决定整个雕件是否成功的基础。

在打坯过程中，首先主体部分要定位，一般在第一层按照颜色和需要的深度进行确定，去掉多余的玛瑙料部分。然后在第二层安排作者构思的具体内容，第二层来烘托第一层，采取近距离和远距离分别细致观察，精心设计内容，要使作品远近结合、层次感强烈，还要浑然一体。确定后着手研究第三层及第四层、第五层等。层次越多，越需要细腻，才能更好地体现作品的精美，具有更高的艺术价值。

一件题材定位的雕刻大形完成了，再由雕刻师精雕细琢。细雕和精修阶段采用的工具主要是钩砣、钉砣等。细部雕琢完成之后，再进行一次检查，对不妥之处进行精细修整。

研磨抛光

进入作品完成的后期，对于一些比较表面粗糙的雕件还要进行全面抛光处理。在抛光过程中，技师必须注意作品的艺术性，要充分体现作品的题材、内涵和艺术价值，要有针对性地抛光。技师在加工的过程中要明暗结合、光度要配合雕刻主题的需要，力求所有的细微雕刻体现完整，广度雕刻一目了然，浑然一体，别致奇雅。

配座包装

玛瑙主体雕刻完工后，对于一些大的雕件就需要给其配一个底座，底座的作用一方面是为了让雕件放得稳当，另一个很重要的作用是，合适的底座能够衬托出玛瑙石的美观。俗话所"好马配好鞍"，一个上等的玛瑙雕件配上一个绝佳的底座，无疑会让玛瑙的观赏价值陡增数倍。

大型玛瑙雕件的底座一般用有用优质的木材雕刻，也有用平板或凹形石充当。木质底座的材质常见的有红木、花梨、赤梨木、樟木、杜鹃木等，其中以紫檀木为最高贵。也有用根雕等材质制作，出来的底座追求古朴、高雅或现代。座架的刻纹多为流水行云状，也有刻上树头、花鸟的。上乘精品的玛瑙雕件，还得专门给配个案几，合适的案几更能衬托出雕刻品的观赏性。

玛瑙雕刻的注意事项

首先，在选定原石后，要以第一层次为主题，去掉多余的玛瑙肉。

其次，根据玛瑙原石的特点，薄、脆、软、小、细的地方要后雕刻，先处理面积大、有硬度、不怕修改的先雕刻，对容易损坏的地方要小心精益求精，不能影响作品的完整性和完美程度。

再次，有时需要根据玛瑙料质的需要从后面开始雕刻，根据后面背景的衬托，突出前面的设计内容，要前后照应。不能出现前后反差过于大，造成艺术性缺失。

最后，做雕刻的过程中，要雕刻和抛光结合着进行。雕刻时要考虑抛光的技术要求，在雕刻细微的地方，要先行抛光以便保持玛瑙雕件的完整性。要防止由于雕刻的细腻引起玛瑙作品的材质附着污染物，防止出现水垢或者锈渍。

玛瑙的雕刻题材

玛瑙雕件各种题材、各种造型应有尽有，好的玛瑙雕件不仅设计上独具匠心，雕刻上更是精益求精，或是豪气干云，或是含蓄柔美，或是庄严肃穆，或是俏皮可爱，每一件都充满了浓郁的中国文化的传统气息。

吉祥瑞兽

吉祥瑞兽已成为华人心目中尊贵的吉祥物代表，有神武、力量、卓越、掌财的象征。

【龙】

龙是最常见的雕刻题材，龙也是中华文化的主要图腾、主要象征，中国人自称龙的传人。龙还是封建时代中国帝王及其它东亚各国君王的象征。龙在中国传统的十二生肖中排第五，与白虎、朱雀、玄武并称为四神兽。在神话传说中，龙是神异动物，是行云布雨的天使，传说里龙能大能小，能升能隐，大则兴云吐雾，小则隐介藏形，升则飞腾于宇宙之间，隐则潜伏于波涛之内。龙的标准类型是有角（多是权型双角）、蛇身、四足。玛瑙雕刻品上多有五龙、七龙、九龙等单数雕刻，按五行说，男人属阳，女人属阴，故单数为阳，双数为阴，因龙过去为皇帝的象征，故过去只选单数雕刻龙形。

二龙戏珠是常见的造型，两条云龙、一颗火珠。《通雅》中有"龙珠在颔"的说法，龙珠被认为是一种宝珠，可避水火。其他的还有群龙戏珠，还有云龙捧寿，都是表示吉祥安泰和祝颂平安与长寿之意。

另外，传说龙生九子，就是指龙生有九个儿子，九个儿子都不成龙，各有不同。这九子分别是：囚牛、睚眦、嘲风、蒲牢、狻猊、赑屃、狴

龙挂坠·玛瑙

尺　寸　4厘米×6.5厘米

鉴石要点　世界上本没有龙，传说是从风云、雷电这一自然现象中受启发而形成的。《说文解字》说："龙，鳞虫之长。能幽、能明、能细、能巨、能短、能长；春分而登天，秋分而潜渊。"

犴、螭吻、饕餮、麒麟、椒图、
蚣蝮。龙子也是常见的雕
刻题材。

【麒麟】

在传统文化
中，麒麟也是祥瑞的
象征，古来就有"盛
世出麒麟"的说法，同
时民间也笃信麒麟是消灾解
难、驱除邪魔、镇宅避煞、催财升
迁的吉兽。麒麟相传为一种两个性别的神兽，雄性的被称之
为麒，雌性的被称之为麟，其外貌特征是龙头、鹿角、马
蹄、牛尾、身上的鳞甲颜色为五彩色。

瑞兽手把件·玛瑙
尺　寸　8.6厘米×4.6厘米
鉴石要点　色泽饱满，器型圆润，非常适
合在手里把玩。

【螭龙】

属于龙的一种。《汉书·司马相如传上》："于是蛟
龙赤螭。"颜师古注："文颖曰：'龙子为螭。'张揖曰：
'赤螭，雌龙也。'如淳曰：'螭，山神也。'"《广雅》
云："有角曰虬，无角曰螭。"关于螭龙有两种说法：一说
中国传说中龙的来源之一。也称蚩尾，是一种海兽，汉武帝
时有人进言，说螭龙是水精，可以防火，建议
置于房顶上以避火灾；二说是龙九子中的二
子，古书中云："其二曰螭吻，性好望，
今屋上兽头是也。"根据以上的说法，螭
龙的原形应该是我们生活中的壁虎。前人
分龙为四种：有鳞者称蛟龙；有翼者称为
应龙；有角的叫虬龙，无角的叫螭。其中
"无角的"便是螭龙。

瑞兽吉祥手把件·玛瑙
尺　寸　8.7厘米×5.2厘米
鉴石要点　题材为螭虎戏钱，图案构造精
美，寓意和谐生财；质地打磨
光滑，温润细腻。

【龟】

中国人一直相信，龟隐藏着天地的秘密，因此它也成为
一种神秘而蕴藏着丰富文化内涵的动物。同时，更是因为龟
寿命极长，所以成了长寿的象征，人们多用"龟龄"喻人之
长寿或与"鹤龄"结合称"龟龄鹤寿"和"龟鹤齐龄"。

自古以来人们相信其能带来祥瑞之气，龟已成为先行
先知的灵物，摆放玉龟可以化阴补阳，调节室内阴阳平衡

和天然磁场，能补运气旺财位，用玉龟镇宅可平平安安，吉祥富贵。

【貔貅】

北方称避邪，是古代瑞兽，有独角、双角之形，独角者称为天鹿，两角者称为辟邪，辟邪便是貔貅了。其形短翼、卷尾、鬃须。人们视貔貅为吉祥，貔貅的口越大就说挣钱越多；肚子越圆，就装钱越多。貔貅倍受喜爱，是传说貔貅有一个极罕见的特点：有嘴巴，但是没有排泄器官，也就是只吃不拉，只进不出。于是，人们都希望能像貔貅一样"只进钱而不花钱"。

【金蟾】

三条腿的蛤蟆被称为"蟾"，传说它能口吐金钱，是旺财之物。传说八仙之一吕洞宾的弟子刘海功力高深，喜欢周游四海，降魔伏妖，布施造福人世。一日，他降服了长年危害百姓的金蟾妖精，在打斗的过程中金蟾受伤断了一脚，所以只剩下三只脚。此后，金蟾臣服于刘海门下，为求将功赎罪，金蟾使出绝活咬进金银财宝，助刘海造福世人，帮助穷人，发散钱财。人们奇之，称其为招财蟾。

金蟾的造型很多，一般为坐蹲于金元之上的三足蟾蜍，背负钱串，丰体肥硕，满身富贵自足，有"吐宝发财，财源广进"的美好寓意，所以民间有俗语"得金蟾者必大富"

貔貅手把件·玛瑙

尺　寸　2.4厘米×4.2厘米×1.9厘米

鉴石要点　玛瑙有夏凉冬暖的特性，玛瑙手把件把玩的过程中也会有种心旷神怡的感觉。

也。金蟾常用作摆件，放置在家中或商铺之中，寓意财运亨通，大富大贵。

〔蝙蝠〕

"蝠"与"福"谐音，象征着幸福之意。蝙蝠常与其他题材搭配，比如，一只蝙蝠附于钱币孔眼之上，寓意为"福在眼前"；蝙蝠与寿桃相结合，寓意为"福寿延年"、"多福多寿"；蝙蝠飞翔于浮云之际，寓意为"福从天降"、"流云百福"；两只蝙蝠在一起为"双福"；蝙蝠附于木门花窗之上即为"福临门"；五只蝙蝠与荷花、圆盒为伍，即为福禄寿喜财"五福和合"；若是五只蝙蝠围着一"寿"字飞舞，寓意"五福捧寿"（五福：一曰寿、二曰富、三曰康宁、四曰修好德、五曰考终命）。

花鸟鱼虫

花鸟也是常见的一类雕刻题材，主要围绕着"福、禄、寿、喜、和合、吉祥如意"等内容而展开。除了上述题材外，芙蓉、莲花、梅花、兰竹等都较为常见，大多寓意吉祥。

〔凤凰〕

凤凰被称为"百鸟之王"，象征大富大贵、大吉大利。在古代，人们都将凤凰比喻为皇后，寓意高贵与神圣。

〔白鹤〕

羽色纯洁，体态优雅，是一种长寿鸟，一般能活六、七十岁，雕刻白鹤一般有清高、纯洁、长寿的寓意。

〔白头翁〕

又名白头鸟，大小如画眉，老则白头，又名白头翁，常用来比喻白发老人。《刘廷芝代悲白头翁诗》："寄言全盛红颜子，应怜半死白头翁。"白头翁常与牡丹一起雕刻，寓意白头富贵，旧时常用作新婚贺辞。

〔喜鹊〕

人们把喜鹊认作喜鸟，民谚有"喜鹊叫，喜事到"的说法，意思是听到喜鹊的叫声，必有喜事来临。喜鹊与梅花搭配，寓意喜上眉梢。

福在眼前手把件·玛瑙

尺　寸 2.5厘米×4.7厘米

鉴石要点 上面是一大耳弥勒佛，满面笑容凝视远方，下部是一红色蝙蝠造型，寓意福在眼前。

【鸳鸯】

千百年来，鸳鸯一直是夫妻和睦相处、相亲相爱的美好象征，也是中国文艺作品中坚贞不移的纯洁爱情的化身，备受赞颂。鸳鸯形影不离，雄左雌右，传说如果一只鸟去世，另一只鸟终身不再匹配，所以很多人都送"鸳鸯戏水"图给新婚夫妇。

【菊花】

菊花常被民间用在表达吉祥寓意的纹饰中，如菊花图案与动物、百果、吉祥物等图案组合象征知足、丰足、安居等意；与喜鹊组合表示"举家欢乐"；与雄鹰组合寓意"英气十足"；与锦衣组合寓为"锦衣知足"；与孔雀组合寓"富贵知足"；与鹌鹑组合表示"安居"；与鹌鹑和落叶枫组合寓"安居乐业"；与柿子组合寓"事事知足"；与石榴组合寓"知足是福"；与瓶子组合寓"平安知足"；与灯笼组合寓"兴隆富足"；与瓶子组合寓"平安长寿"；与铜镜组合寓"知足可敬"；与松树组合寓"延年益寿"；与黄雀组合寓"团圆快乐"；与蝈蝈组合寓"高官厚禄"；还有菊花与松树、枸杞、寿石以及猫和蝴蝶组合的图案都寓意"长生不老"；象征着四君子"梅、兰、竹、菊"的组合图案更是随处可见。

凤凰摆件·玛瑙

尺　寸　13厘米×18厘米

鉴石要点　在整块玛瑙上雕刻一只振翅欲飞的凤凰，颜色白中透红，大气端庄。

【牡丹】

牡丹是从古至今中国人所喜爱的传统题材之一，寓意富贵、吉祥，宋代周茂叔《爱莲说》有"牡丹，花之富贵者也"，牡丹与石头或梅花组成的图案寓意"长命富贵"；鹭鸶与牡丹象征"一路富贵"；牡丹玉兰绘在一起，寓意"玉堂富贵"；牡丹海棠绘在一起寓意"满堂富贵"；牡丹与鱼绘于一图案中，寓意"富贵有余"；瓶插牡丹寓意"富贵平安"。

常用器皿

玛瑙器皿主要以传统造型的瓶、炉、熏、鼻烟壶为主，还有以青铜器为蓝本制作的尊、垒、卤、献、觚、鼎、爵等，另外还有实用器皿如碗、杯、壶、盘、碟、盒、洗、酒具、茶具等。制作玛瑙器皿是玛瑙制作中难度比较高的工艺技术，最重要的是规矩四称，造型和纹饰协调，且选料严格，脏、结去净后才能设计。

宗教造像

中华传统文化深受释、道、儒的影响，玛瑙文化亦然。观音、达摩、如来等都是常见的玛瑙雕刻题材。在人物题材的雕刻方面，除了宗教外，文学和历史故事中的人物也是常见的题材，如三国人物、仕女、水浒108将等。

观音

观音心性柔和，仪态端庄，世事洞明，永保平安，消灾解难，远离祸害，大慈大悲普渡众生，是救苦救难的化身。

达摩

达摩全称菩提达摩，南天竺人，婆罗门种姓，自称佛传禅宗第二十八祖。中国禅宗的始祖，故中国的禅宗又称达摩宗。一直以来，达摩造像玉石雕件，多以达摩弘法时极具传奇性的历史故事为题材。主要有达摩面壁、一苇渡江、携履西归等。

弥勒

在佛教中，弥勒为未来佛，即现世佛释迦摩尼的法统继承人。相传，释迦摩尼法统时期，弥勒化身千万在世间传法，其中最著名的化身是布袋和尚。

喜鹊登梅幸福来摆件·玛瑙

尺　寸　18厘米×23厘米
鉴石要点　一对喜鹊落在盛开的梅花枝头，寓意喜鹊登梅，喜事不断。

罗汉

罗汉为佛陀得道弟子修证最高的果位。罗汉的形象一般都是出家比丘相，头部无须发，身着袈裟，全身无任何装饰，或坐或立，栩栩如生。是佛教各类造像艺术中最为朴实无华的象征。

释迦摩尼

佛教祖师，传说其法力无边，可普渡众生和保佑平安。

济公

乃十八罗汉之降龙罗汉转世，济世救人，惩恶除奸。

钟馗

相传钟馗本是一个满腹经纶、才华横溢的书生，本人面貌生得豹头环眼，容貌非常奇异，性格也是刚直不阿，待人正直，肝胆相照。因为没考上功名，便撞殿柱而亡，后皇帝昭告天下，封钟馗为"赐福镇宅圣君"，一直被人们传唱至今。玛瑙雕中常见钟馗醉酒、钟馗捉鬼、钟馗嫁妹，其中最为常见的是钟馗捉鬼。钟馗的雕刻形象一般是头戴官帽，面目威严，胡须飘逸，怒目圆睁，目光如火，手持如意法宝。

观音挂坠·玛瑙

尺　寸　3.8厘米×5.8厘米×3厘米

鉴石要点　观音盘螺旋高髻，发丝细密，系宝缯。侧身立于嶙峋的山石上，崖石玲珑，如入物我两忘之境。

八仙

八仙是道教供奉的并且在民间广泛流传的八名得道仙真，指的是钟离权、张果老、吕洞宾、李铁拐、何仙姑、蓝采和、韩湘子和曹国舅八人。

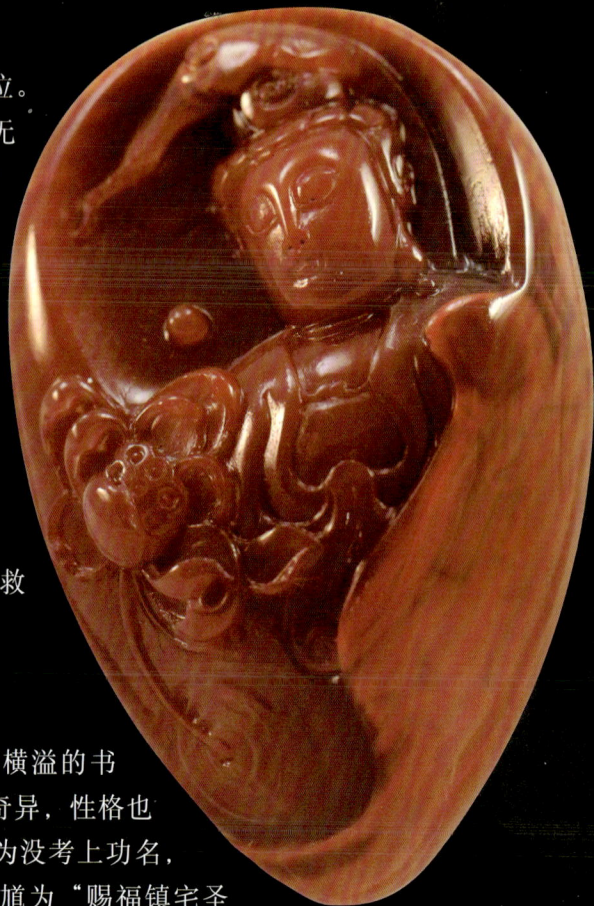

持珠观音挂坠·玛瑙

尺　寸　3.9厘米×4.8厘米×2.7厘米

鉴石要点　采用圆雕工艺雕出观音的整个头部，其构图清新雅丽，观音双耳垂肩，双目微闭，手持宝珠，整个作品造型优美，沉稳大气。

达摩面壁挂坠·玛瑙

尺　寸 2.7厘米×3.8厘米×1.6厘米

鉴石要点 作品通过简约的线条勾勒出达
摩面壁的侧面造型，突出达摩
甘愿寂寞，吃苦耐劳的精神。

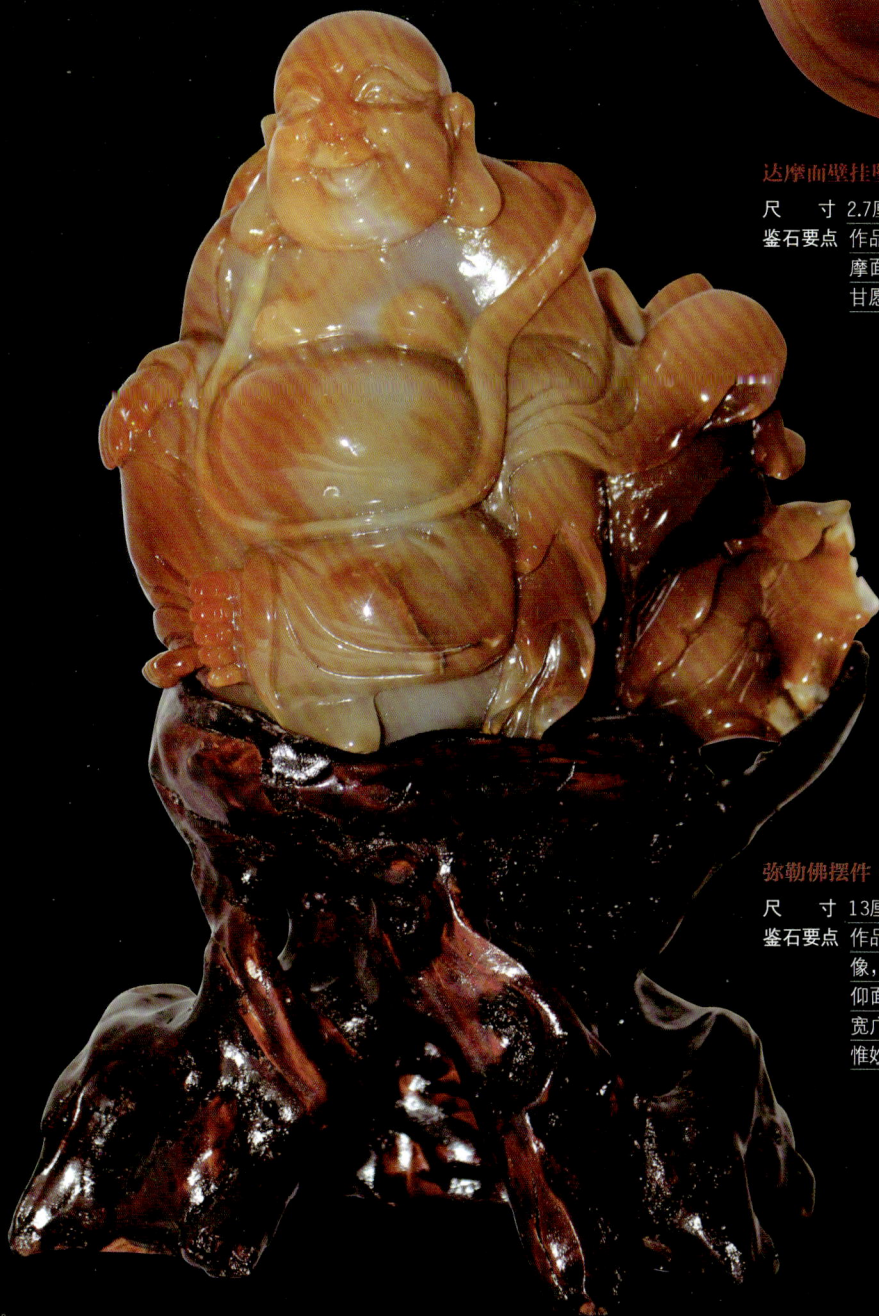

弥勒佛摆件·玛瑙·

尺　寸 13厘米×7厘米×12厘米

鉴石要点 作品采用圆雕工艺雕刻弥勒佛
像，其袒胸露乳，慈眉善目，
仰面长笑，憨态可掬。把笑佛
宽广的胸怀和慈祥之态描绘得
惟妙惟肖，淋漓尽致。

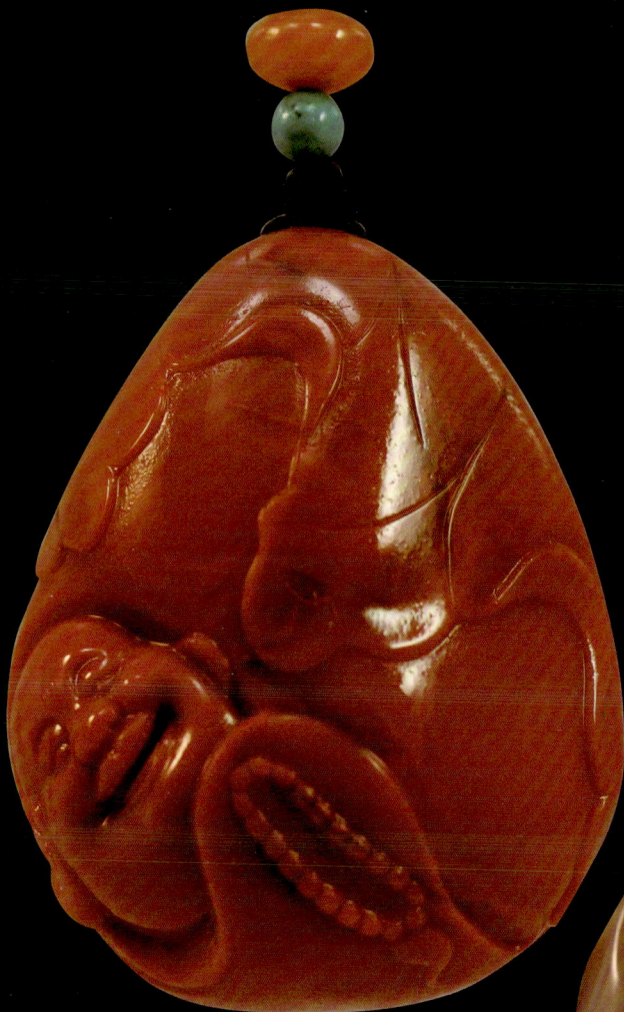

笑佛挂坠·玛瑙

尺　　寸　3.6厘米×4.1厘米×2.3厘米

鉴石要点　"大肚能容容天下难容之事，开口便笑笑世上可
　　　　　笑之人"。作品因材施艺，刀下所塑笑佛额头饱
　　　　　满，慈眉善目，仰面长笑。把笑佛的宽广胸怀和
　　　　　慈祥之态描绘得惟妙惟肖、淋漓尽致。

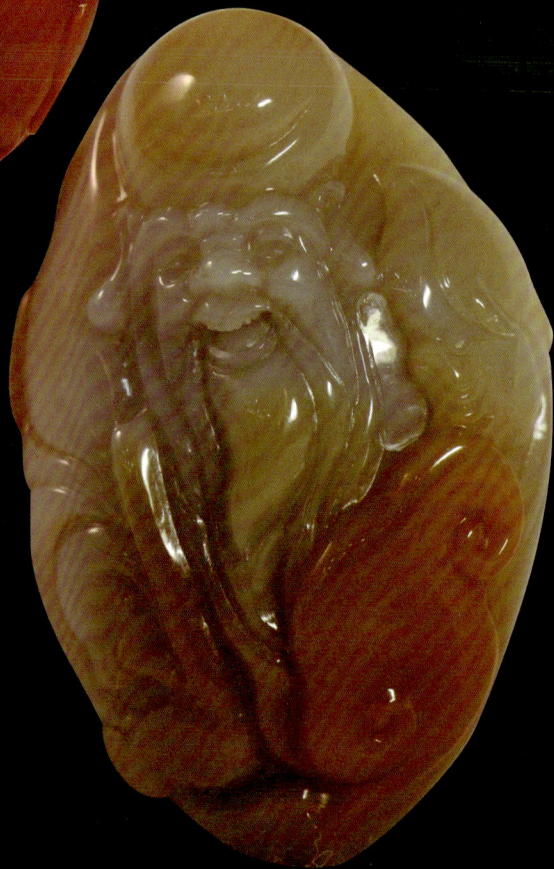

寿星手把件·玛瑙

尺　　寸　8厘米×4厘米×3厘米

鉴石要点　质地细腻滋润，工艺精巧，将寿星的眉宇、须
　　　　　发、衣褶表现得生动自然，寿星慈祥安康，寓意
　　　　　吉祥。

送财童子手把件·玛瑙

尺　　寸　7厘米×5厘米×3厘米

鉴石要点　孩童左手持珠，右手持如意，脚
　　　　　踏钱币，面目清新，生动传神，
　　　　　寓意招财进宝、好运不断。

和合二仙摆件·玛瑙

尺　　寸　16厘米×24厘米×0厘米

鉴石要点　雕刻和合二仙形象，其线条圆润流畅，人物刻画生动，表情可爱，笑意盈盈，喜气吉祥。

弥勒佛手把件·黄玛瑙

尺　　寸 5厘米×6.5厘米

鉴石要点 弥勒露胸袒腹，慈眉善目，笑口大开，
　　　　一副悠然自若的祥和。

玛瑙制品鉴赏有讲究

欣赏玛瑙制品是一门发现的艺术，鉴赏方法并不完全统一，古代的赏石方法在现代也常运用，对于藏家来说，可多方面尝试。要用丰富的想象力、丰富的阅历、广阔的见识去解读玛瑙艺术品的真正作用和内在意义，这样才能美不胜收。

手串

作为一种时尚潮流的饰品，手串既美观又有盘玩的乐趣。特别是最近几年，手串已和七八十年代的手表一样，成为男女老少争相佩戴的饰品。

追根溯源，现代人玩的手串最初是来自于佛教的佛珠。佛教传入中国的时间，在西汉末和东汉初之间。据南朝刘宋时期的历史学家范晔在《后汉书》里记载：世间传闻，汉明帝梦见一个头顶有光明的高大金人，便询问群臣，有个大臣告诉他，那应该是西方的佛。汉明帝在公元64年派了十二个人到西域访求佛法，三年后他们与两位印度僧人一起回到洛阳，还用白马驮回来了经书和佛像。于是，开始译经，并建造了中国第一座佛教寺院——白马寺。

自从佛教传入中国，广大民众对于佛教的认识，往往是通过一批批和尚、法师、喇嘛、活佛的举止言行、服饰礼仪获得的。一代代下来，僧侣们的袈裟佛珠，

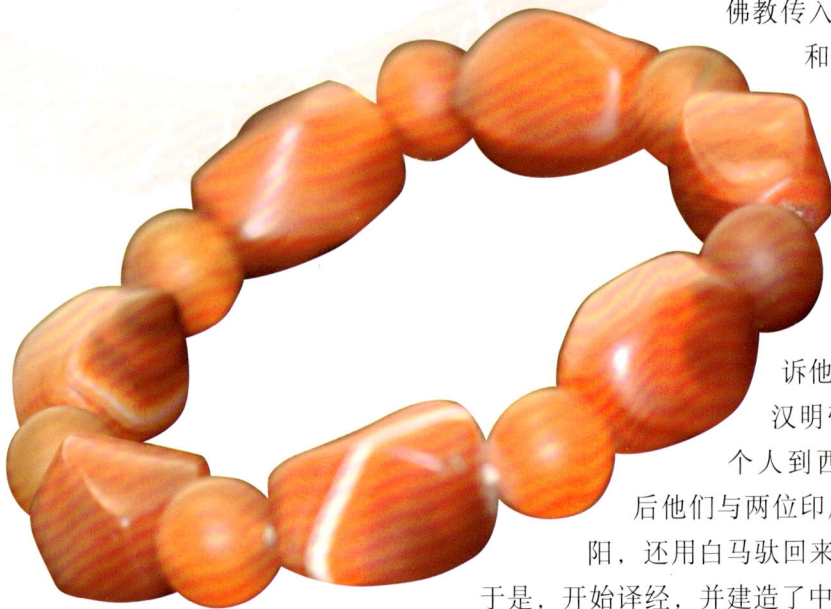

不规则形时尚手串·玛瑙

鉴石要点 随形玛瑙手串，质地细腻，形状自然，颜色艳丽，一种自然美的时尚感油然而出。

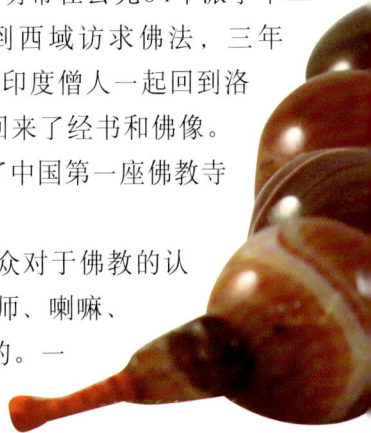

成了人们感知佛教的主要信号。

〔佛珠〕

　　佛珠也称作念珠、诵珠、咒珠、数珠等，佛教信众在朝暮课诵和平日念佛、持咒、诵经时，都会在每念诵一句佛号或咒语时，拨动手中的一颗珠粒，如此周而复始，循环计数。玛瑙是制作佛珠最常用的材质，这是因为玛瑙是佛教七宝之一，按照鸠摩罗什译的《阿弥陀经》所说七宝为：金、银、琉璃、玻璃、砗磲、赤珠、玛瑙。

〔佛珠种类〕

　　佛珠种类大致分手珠、佩珠及挂珠三大类。手珠也叫持珠，是用手掐捻或者持念的佛珠；佩珠是戴在手腕或臂上的佛珠；挂珠是指挂在颈上的佛珠。

　　佛珠的珠子按照外形不同，可分为圆形的圆珠，像水桶一样的桶珠，像鼓一样的鼓珠，还有是按照材质原本的形状不加修饰的随形珠。

配青金石佛珠手串·玛瑙
尺　寸 1厘米，108粒
鉴石要点 材质为南红玛瑙，佛头和隔珠配青金石，色泽明亮，质地细润，每颗珠子都满肉满色，毫无瑕疵。

佛珠手串·玛瑙
尺　寸 3.2厘米，19粒

【佛珠组成】

　　一串标准的佛珠应该包括有母珠、子珠、隔珠（又称作"数取"）、弟子珠（又称作"记子"），记子留，络绳和一些饰物组成。

　　母珠又叫"三通"或"佛头"。通常只有一颗，最多有两颗的，用来将不同数目的子珠归结在一块，同时还可以起到连接弟子珠、记子留和一些饰物或流苏的作用。

　　子珠是串起整个佛珠的基本珠，通常其材质相同，也有将不同的材质及大小不一致的子珠穿在一起的。

　　隔珠又称"间隔珠"或"数取"。多用来将子珠平均分隔开。一般来讲，隔珠均要比子珠稍大一些，数量可采用一颗至三颗不等，如108颗的佛珠和54颗的佛珠，就需要每27颗子珠用一隔珠；27颗、18颗的佛珠，则每9颗子珠用一隔珠。

　　弟子珠的体积比子珠要小一些，一般以10颗或20颗居多，多系串在母珠的另一端，以10颗为一小串，如同算盘一样，采用10进位，用来计算掐捻佛珠的数目。

　　记子留是指每串弟子珠的末端所附的比弟子珠稍大一些的珠粒或者饰物，也有的用线绳结成"中国结"来替代，目的是为了防止弟子珠的滑落。

【络绳】

　　络绳是指串佛珠的线绳，通常根据子珠的规格以及孔洞直径的大小，以独股、双股或者三股为绳，穿珠而过。络绳，一般分为有弹性、非弹性两种，汉传佛教佛珠使用络绳，要求一般比较宽松，只要自己喜欢并且能够穿得进去的都可以。藏传佛教对佛珠所用络绳的要求比较严格。一般多用红颜色或红、黄、黑、白、绿五彩棉线、丝线或者尼龙线制成。偶尔也有人用皮绳来贯穿佛珠。

十八罗汉佛珠·玛瑙（局部）

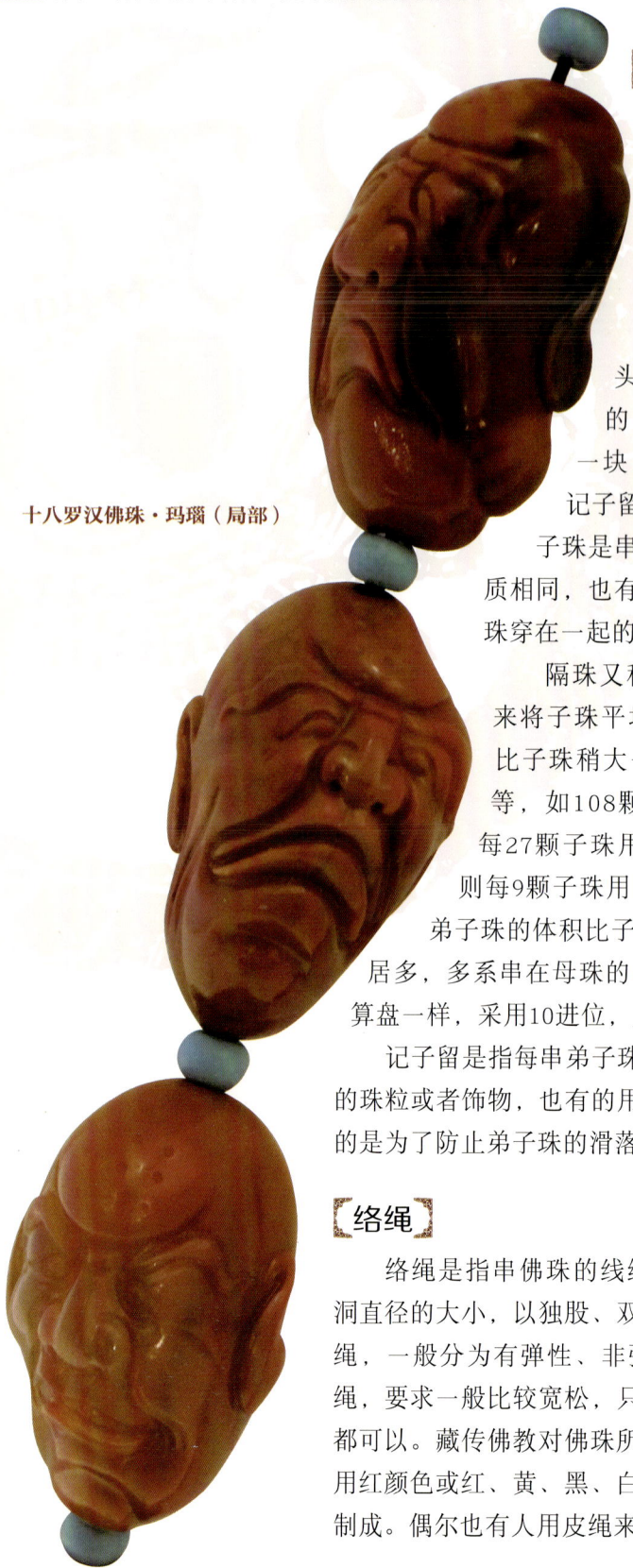

【配饰】

配饰是指佛塔下部、记子以上部分系坠的各种饰物，主要用以佛珠的装饰和美化作用。

【佛珠数目】

每串佛珠都由一定数目的珠子串缀而成，珠子的数目不同表达的象征意义也有差异，大致有9种：14颗、18颗、21颗、27颗、36颗、42颗、54颗、108颗、1080颗。

14颗是佛珠手串的常用颗数，持观音名号，表示观音菩萨与十方、三世、六道等一切众生同一悲仰，令诸众生获得14种无畏的功德，使众生所得福德与恒河沙数无异。

18颗是取佛教"十八界"之意，即六根、六尘、六识合和之数，六根是指眼、耳、鼻、舌、身、意为一切麻烦的根本；与六根相对的六尘指色、声、香、味、触、法；六识则是眼识、耳识、鼻识、舌识、身识、意识。

21颗佛珠代表十地、十波罗蜜、佛果21个位次；27颗佛珠表示小乘修行四向四果的27贤圣位；42粒代表菩萨修行过程的42个阶位；另外，就是净土宗的36颗（108颗的三分之一，辨于携带）。54颗佛珠代表菩萨修行过程中的54个位次。

十八罗汉佛珠·玛瑙

鉴石要点 19粒，珠取材南红玛瑙，打磨光滑。立体圆雕，佛头配一弥勒佛像，其他均雕刻18罗汉面部，神情迥异，精巧别致。

手串·玛瑙

尺　寸　2.4厘米，7粒

鉴石要点　7粒桶珠，隔珠配圆珠，大小均匀，光泽度好。佩戴红玛瑙可平衡正负能量，消除精神紧张及压力。

　　常见的上品佛珠是108颗，代表的意思是求证百八三昧而断除百八烦恼，从而使身心能达到一种寂静的状态。百八烦恼的内容，有很多不同说法，总的来说，六根各有苦、乐、舍三受，合为18种，又六根各有好、恶、平三种，合为18种，计36种，再配以过去、现在、未来三世，合为108种烦恼。佛教认为，人生就是苦。产生苦的原因，就是贪欲。产生贪欲的原因，就是无明无知。要灭除苦，就应该觉悟：万物并无实体，因缘聚散而已，一切都在变化，生死因果相续，连"我"也是一种幻觉，因此不可在虚妄中执着。由此确立"无我"、"无常"的观念，抱持"慈、悲、喜、舍"之心，就能引领众生一起摆脱轮回，进入无限，达到涅槃。

　　佛珠中最上品是1080颗，佛学世界里一共有10界，每一界都有108种烦恼，这样总共就是1080了。1080颗的佛珠太长，一般只有一些有名的高僧才会佩戴。

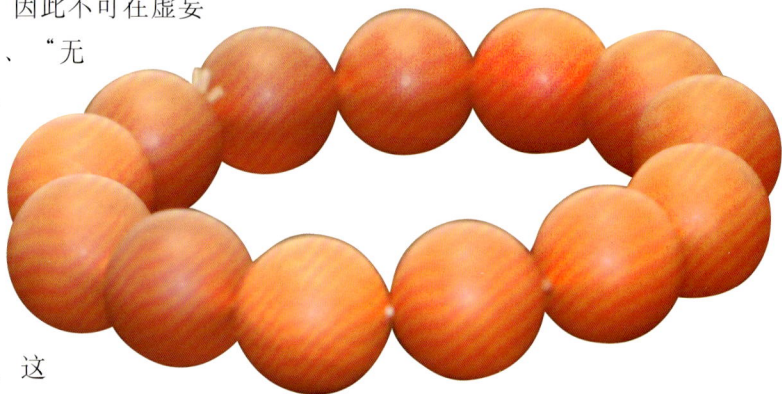

圆珠手串·玛瑙

尺　寸　13粒

【朝珠】

　　除了佛珠之外，还有一种叫做"朝珠"的挂珠，它是清代官吏特有的一种饰物。朝珠与普通挂珠最大的区别是，朝珠将佛头穗的样式改成了由阔丝带系缀、用银丝珐琅裹着、被称作"背云"的大坠子，而弟子珠也移到了胸前，由三串组成。

通常一盘朝珠周长大致在130～170厘米之间，珠身由108颗珠子组成，意寓12月、24节气、72候为一年的说法，总数定为108。在108颗珠中，每隔27颗穿入一颗不同材质的大珠，称为"结珠"，结珠的颜色与其他珠子形成鲜明对比。4颗结珠将朝珠分成四部分，用以表示春夏秋冬四季。挂在脖子后面与结珠相连的珠子称为"佛头"。佛头有孔与"背云"相接，背云意为"一元复始"，垂于背后，背云最下端缀有葫芦形"大坠"，称为"佛嘴"。佛头两侧又有三串小珠串，通常一侧缀两串，另一侧缀一串；两串的位置，男在左，女在右。每串有10颗小珠，每5颗为一组，中间有绦相连，下坠嵌有宝石的小"坠角"。三串小珠称为"纪念"，象征一个月有30天，为上、中、下旬，每串代表一旬。

路路通手串·战国红玛瑙
尺　寸　直径2.4厘米，7粒
鉴石要点　桶珠造型，材质为战国红玛瑙，颜色艳丽，造型精美，隔珠配青金石圆珠，寓意路路畅通。

〔佩戴讲究〕

佛教认为左手为善手，也是净手，所以佛珠应该戴在左手，小粒但颗数较多的佛珠可以绕三四圈戴在手上。一般来说，佛教信徒对于佛珠的佩戴要求会更复杂，而作为饰品佩戴则没有太多的讲究。在古代，佛珠、朝珠都有着比较特定的作用，而在当下，人们挖掘出其更多的装饰作用，通常是将一串佛珠缠绕手腕上进行佩戴，并且在赏玩中不断推陈出新，逐渐形成了一股潮流。于是，各种讲究、各种款式、各种寓意、各种功效的手串被商家带入市场，每一种手串都变身为一门学问，且大多都能从历史中找到一些蛛丝马迹。现在也有人将手链与手串混为一谈，实际上它们有很大分别。最简单区别是手链是单纯的装饰品，不能用来诵经念佛。

黑药师手串·玛瑙
尺　寸　直径2.5厘米，11粒
鉴石要点　此类中间缠一道白色条纹的玛瑙珠，在西藏地区也被称之为"药师珠"，传说其具有天珠的功能，可疗病、避邪，曾为古代波斯国和萨珊王朝的贵族所钟爱。

佛珠·阿拉善玛瑙眼石

尺　寸　直径1.9厘米

鉴石要点　产自内蒙古的阿拉善戈壁，因为玛瑙的外皮上会有一
　　　　　圈一圈的圆形斑纹，猛一看，颇像眼睛，所以也称
　　　　　"眼石"。大都用来串手串，或者单颗购买做配饰。

扳指·战国红玛瑙

尺　寸　2厘米

手镯·战国红玛瑙

尺　寸　直径6.2厘米

鉴石要点　手镯对原石要求极高，
能套制手镯的大块战国
红原石很稀少。一只
色，丝，质地都一流且
无瑕疵的战国红手镯，
必为重器。

手把件

手把件就是指手上把玩的物件，也是一种常见的文玩器形，属于比较典型的玩物。

手把件的材质和造型没有固定的规制，但尺寸应在长8厘米，宽5厘米左右为宜，便于一手把握；在雕工方面，要求圆润流畅，太过精细的工艺，比较扎手，也难免磕磕碰碰的受损。

常用的手把件材料，以玉石为主，除了传统的玉文化，玉石的材质本身也非常适合作为手把件，盘起来舒服、看起来漂亮，在盘玩的过程中，可以形成美丽的包浆，呈现岁月流转的凝重和沧桑。

玛瑙手把件的雕刻风格，往往体现吉祥的寓意，如马上面有一只猴子，称为"马上封侯"等。

手把件一般配置挂绳，挂绳可以保护器物的安全，以免摔地；还可以将手把件作为玉佩挂在腰上，便于携带。

把玩手把件，既赏心悦目，另外在把玩的过程中，手部的运动和物件的按摩，更能促进身体的健康。

金蟾手把件·白玛瑙

尺　寸　5厘米×6.5厘米

丰硕吉祥手把件·玛瑙

尺　寸　9.3厘米×7厘米

鉴石要点　材质为玛瑙，质地极佳，温润凝腻，红黄白三色明媚可爱，白色如油脂，黄色似蜜蜡，红色如云霞。把件造型各异，圆润质朴，清雅明洁，抚之柔滑凝腻，令人爱不释手。

瑞兽手把件·玛瑙

尺　　寸　8.2厘米×5.2厘米

首饰挂坠

　　除了作手串和手把件外，玛瑙也被用来作为首饰挂坠。玛瑙首饰的种类和形式多种多样，在繁多的饰物和戴法中，既要考虑其人，其环境，又要考虑整体的效果，要注意到诸多因素间的关系。搭配协调一致，恰当点缀，才能起到佩戴首饰的效果。

〖与周围环境的协调〗

　　这里的环境是指佩戴者的个性以及佩戴场合、职业习惯等综合因素。

福寿常在手把件·玛瑙

尺　　寸　8.3厘米×5.5厘米

性格活泼开朗或急躁冲动的人，一般不适合佩戴亮红色的珠宝，如红玛瑙、红宝石等，因为红色给人的感觉就是热烈、奔放，佩戴这种颜色的珠宝会强化佩戴者"急躁"的个性特性。这一类性格的人适合佩戴一些冷色系列的珠宝，如翡翠、蓝玛瑙、祖母绿、橄榄石等，这类珠宝有助于调和个性的偏激。

对于那些比较内向以及个性稳重的人，则适合佩戴一些颜色鲜艳的珠宝首饰，这样有利于营造一种活泼向上的形象，如由红玛瑙做成的吊坠、耳环、钻石首饰等。

对于职业女性，在日常的工作环境里，适合佩戴一些颜色素静、造型典雅简单的冷色系列宝石首饰。如果一个人在办公室佩戴着大颗亮色系列的珠宝，会显得夸张和炫耀。

如果是要参加一些比较隆重的场合，如婚宴、晚会或朋友间特殊的聚会，应该佩戴一些颜色鲜艳、造型独特的珠宝。如伴钻石的南红戒指、翠绿色翡翠耳环等。

西周·玛瑙项链

鉴石要点 西周出土文物，现藏于国家博物馆。整器皮色红润，包浆自然古朴，沁色天然。细部雕切工艺传统，孔径特征显著，搭配松石、玉石等。

【 与服装相搭配 】

服装是主体，珠宝是服装的点缀或补充，搭配得好可起画龙点睛的功效，能衬托出佩戴者独特的气质，如果搭配不好效果就会适得其反。

一般来说，浅色系列的服装不适合佩戴颜色艳丽的珠宝首饰，如红宝石、红玛瑙等。相反，浅绿色的翡翠戒指、K金项链及粉红色的珍珠饰物则可在纯洁的气氛中增加几许妩媚和温馨。深色系列的服装适合

佩戴一些颜色较为亮丽的珠宝首饰，如白色珍珠项链、钻石耳环、南红吊坠等，这种搭配可以使佩戴者在庄重中凸现出超凡脱俗、华丽高贵的气质。

〖与脸型配合〗

珠宝首饰的佩戴也要注意与脸型配合。珠宝，特别是耳环能够对佩戴者的脸型起到很好的平衡作用，功效是通过人们对珠宝的注意而改变或分散对脸型的注意力。

脸型为椭圆的人适合佩戴各种形状款式的珠宝，只要注意身材、服装与珠宝的协调即可。方型脸的人比较适宜佩戴一些形状圆滑，如椭圆、水滴等状的耳环，不适合戴一些棱角分明或形态过于规则的耳饰。

方形脸的人最好不要配戴方形的首饰，或者三角形、五角形等锐利的耳环、坠子。有坠子的项链或长于锁骨的项链，会在胸前形成V字形或优美的弧形，可以平衡较宽的下颚骨线条，所以脖子较短的人，戴长度在锁骨的下面胸腺中间以下位置的项链会好看。面部消瘦或长脸型的女性可适当配戴形如圆形、方形扇横向设计的耳环或耳坠，它们圆润方正的弧线能够巧妙地增加脸的宽度。

鱼挂坠·战国红玛瑙
尺　　寸　3.3厘米×4.4厘米×2.2厘米

龙头挂坠·战国红玛瑙
尺　　寸　2.7厘米×4.5厘米×1.1厘米
鉴石要点　牛头鹿角、狮鼻鲢嘴，虎眼猫耳，龙的形态威猛，刻画入微，工艺粗犷有力，意义吉祥。

龙马精神挂坠·战国红玛瑙
尺　　寸　3.2厘米×4.8厘米×1.8厘米
鉴石要点　仿古马造型，依据唐代石刻、彩陶为蓝本，眼睛突出，鬃毛翻卷呈卷云状，洋溢着欢乐的神采。

〖与发型的配合〗

留披肩长发的女性一般以戴稍大的耳扣或耳环，或悬垂式、颜色鲜艳的耳环为宜。由于披肩发本身对脸型的轮廓和线条有影响，实际上留长发对戴耳环的限制较少，但一般以较醒目和有一定大小的耳环为好。留短发穿着运动装或流行时装的人一般是希望表现出活泼、青春的形象。这时的首饰可选择一些装饰性强

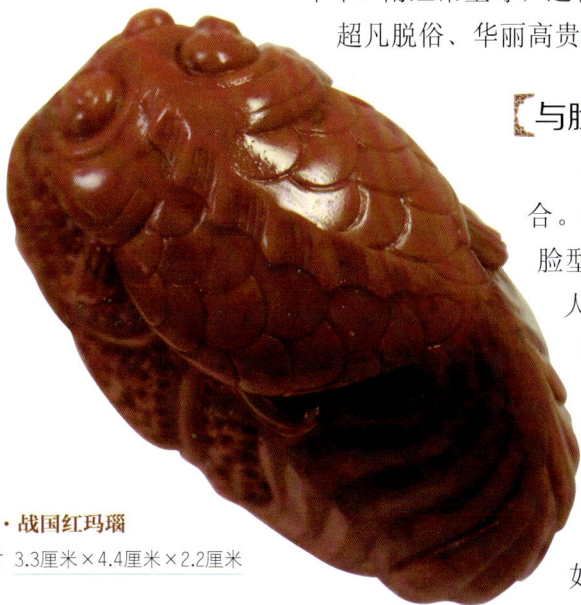

的。如一些低档随意形宝石做成的项链、人造宝石的首饰、玛瑙饰品、几何抽象图型的耳环等。

【整体效果的搭配】

最后还要考虑整体的效果。一般情况下，全身的首饰最好别超过三件，四件套饰、五件套饰佩戴一定要慎重，只有较正式和隆重的场合才可以佩戴，环境不合适就会有做作之嫌，过于堆砌，产生负面效果。另外，套件数量增多，色彩也相应增加，对服装的色彩和造型设计的影响就会相对较大。

手镯·烧色玛瑙

尺　寸　直径6.2厘米

鉴石要点　此为烧色玛瑙制成，玛瑙的烧色工艺自古就有，是通过温度致其铁离子产生价的转变而致色，其色经久不褪。因此，根据珠宝鉴定和国家珠宝定名规则，烧色玛瑙为"优化"，可视同天然品。

手镯·烧色绿玛瑙

尺　寸　直径6.2厘米

鉴石要点　烧色玛瑙质地均一、颜色一致；而仔细看天然色玛瑙，会发现因自然沉积、生长时期的不同，颜色浓淡稍有区别，且伴有颜色与层次的不同分布。

手牌·战国红玛瑙

尺　寸　1.5厘米×2.4厘米

鉴石要点　战国红材质，牌形方正，质地晶莹凝润，细腻透亮，缟丝绚丽多姿，富于变化。

项链·战国红玛瑙

鉴石要点 战国红项链，色泽鲜艳，缠丝丰富，大小均匀，配战国红心形挂坠，美观大方。

摆件

除了佩戴装饰外，大件的玛瑙石被用来雕刻成各种精美的摆件，放置在家中或者办公室，闲暇时赏玩，不但能改善风水还能提高情趣。对于初入此行的人来说，可以通过以下几种方式来鉴别玛瑙摆件的优劣。

【观外形】

一件玛瑙雕件先要看其形状的整体设计是否合理、棱角的处理是否到位、并可能保留部分皮相。有一些玛瑙摆件用的是真材实料，但为了显得古旧，会在表面做老化处理，这也是一种技法，具有一定的收藏价值。还有一些是纯粹的造假，专门仿刻古人和现代名家的作品，有的卖家会明确告诉是仿的，还有的就声称是真迹，这些都是藏家必须注意的。在考证这类作品时，一定要结合年代以及名家的雕刻特点进行判断。

瑞兽耳瓶·玛瑙

尺　寸　17厘米×7厘米×29厘米
鉴石要点　此件耳瓶以玛瑙大料而制，整体高耸，由瓶身、盖、底座组成。顶部配盖，盖顶置瑞兽钮，有层层摆置之感。瓶口沿方折，弧线外转至肩，瓶身两侧配双向象耳，整体造型端庄，大气沉稳。

狮子滚绣球摆件·玛瑙

尺　寸　15厘米×7厘米×19厘米
鉴石要点　呈双狮戏球状，两狮鬃毛翻卷，神态威武，阔口大张。整器雕琢细致，细节凸现，栩栩如生。

【查颜色】

也就是观察玛瑙色彩的分布。包括色相色彩分割取舍是否合理，色彩处理是否恰如其分等。

【掂手感】

在用眼睛观察完石头的外形后，可用手去抚摸玛瑙雕件，亲自上手体会玛瑙表面的质感。上等的玛瑙圆润，饱满，一处在握，反复摩挲的快感全在于手掌及手指间，最亲近于心。

【审肌理】

包括纹路、纹理，裂格（裂是有明显或不明显的缝隙，格是石本身固有的分隔线或纹线，20倍放大没有间隙）。好的玛瑙雕件的纹路处理，尽可能要体现纹理美，做到巧用纹理；对于裂纹或者瑕疵的处理，通过巧雕等手法力求化不足为神奇。用于收藏的玛瑙器皿最好采用上乘的天然玛瑙雕琢。单从常见的红玛瑙来看，天然玛瑙一般都呈现出橘黄微灰的色调，间或掺杂着如山峦般起伏的纹理，颜色纯正较深的为上品，纹路整洁起伏有序为佳。

【析创意】

创意是对现实存在事物的理解以及认知，所衍生出的一种新的抽象思维和行为潜能。一件成功的玛瑙作品在于将石材和工艺的完美结合，雕刻工作者在创作一件作品时的相石是最关键的，一个好的创意主题等于是给作品注入了灵魂。

仕女雕件·玛瑙

尺　寸 8厘米×16厘米

鉴石要点 正面雕刻一执扇仕女，左手执扇，右手挽着另一名侍女，绾发簪花，双眉微颦，仿若牵动愁思。腰际飘带两股之交搭、衣裙垂落地面之弧度，无不刻画入微。

〔看雕功〕

行家一出手，就知有没有。玛瑙雕刻是一个技术活，千百年来，名家辈出，而人们推崇名家的主要原因之一就是雕工。好的雕刻家或简练，或精致，或浑厚，或娟秀，具有独特的艺术风格。值得收藏的玛瑙器皿做工要求细致轻薄，越薄越均匀越值钱，用手指轻击可发出清晰的脆响，如同钢琴一般，而敲击塑料树脂仿制的玛瑙盘则声音沉闷。通常来说，加工一件普通的玛瑙产品只需要半天到3天的时间，而要加工一件高档次、有质量的玛瑙制品，则至少需要1个月。耗费时间长的雕件，自然是凝结了工匠艺人的心血，其价值自然也就比较高；而一些加工时间短的雕刻作品，其工艺质量可想而知。在赏析玛瑙雕件的时候，如果是人物雕刻，最关键的是看人物"手脚"部位的雕工。那些雕工细致、技术精湛的工艺品，其"手"、"脚"部位的雕刻不仅栩栩如生，而且十分细腻，活灵活现，如同真的一般；而那些低档工艺或者工艺不够精细的玉器，其雕刻的"手"、"脚"，则十分死板、硬直，没有任何灵气，线条也比较粗糙。除了"手脚"部位外，还要看面部表情是否到位。

竹林七贤山子摆件·玛瑙

尺　寸　58厘米×10厘米×48厘米

鉴石要点　魏正始年间，嵇康、阮籍、山涛、向秀、刘伶、王戎及阮咸七人，常在当时的山阳县竹林之下，喝酒、纵歌、肆意酣畅，世谓竹林七贤。

竹林古贤

年年有余摆件·白玛瑙

尺　　寸　5厘米×15厘米

鉴石要点　玛瑙俏色巧雕，充分利用了同
　　　　　一块玛瑙上红白两种颜色，白
　　　　　色部分雕刻成鲤鱼，红色部分
　　　　　是一条跳跃的红鲤，寓意年年
　　　　　有余。

三多摆件·玛瑙

尺　　寸　高10.2厘米

鉴石要点　三多是以佛手、桃、石榴组合
　　　　　纹饰，其中佛手寓意福气，桃寓
　　　　　意多寿，石榴寓意多子。三者结
　　　　　合，寓意多福、多寿、多子。

清·佛手白玛瑙摆件

尺　　寸　8厘米×16厘米

龙盘·玛瑙

尺　　寸　20厘米×18厘米

鉴石要点　俏色巧雕，黑色的盘龙盘旋在白色的砂心上，就如在白云中翱翔，构思巧妙，雕工精湛。

虾盘·玛瑙

尺　　寸　19.5厘米×17厘米

鉴石要点　雕刻细致入微，特别是虾须、虾足部分，表现虾能屈能伸，能弯能顺的特征，隐含时来运转之意，称为"弯弯顺"。

富贵有余 · 玛瑙

尺　寸　16厘米×22厘米

第七章

跟着行家鉴玛瑙，

提升辨伪火眼金睛

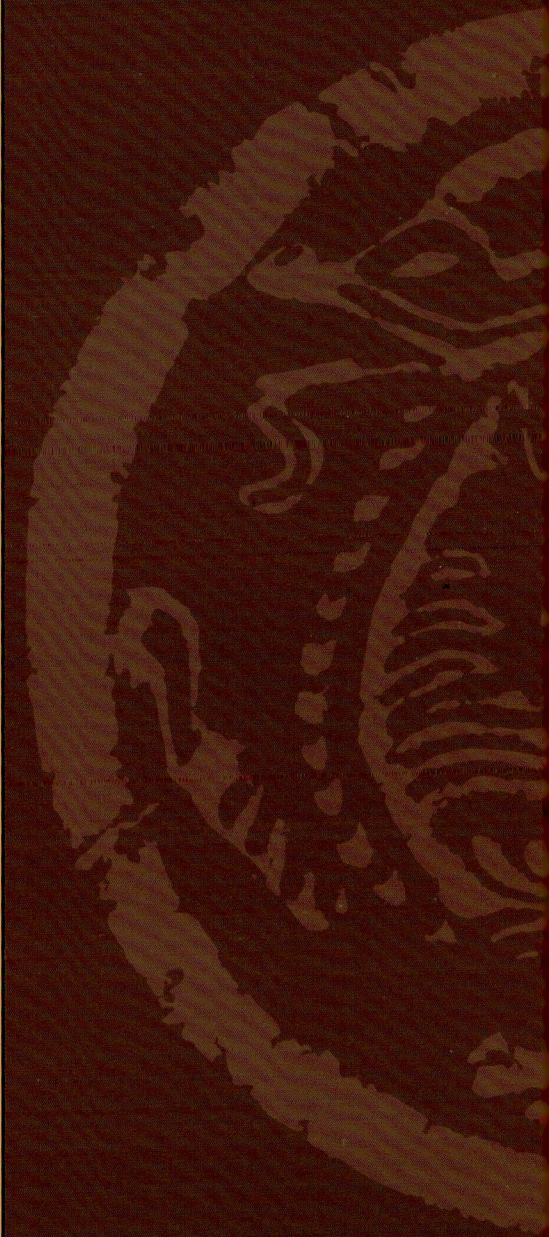

玛瑙常见作伪方法大揭秘

在 自然界中，绝大多数玛瑙其颜色呈灰白色，灰色，乳白色等，因此对其进行颜色方面的优化就成为必不可少的工艺。玛瑙的处理分为热处理和染色处理，按照国家标准，玛瑙的这两项处理都被认同为优化，在销售及鉴定证书的名称中不需注明。

玛瑙热处理

玛瑙的热处理主要用于处理原生的浅红或肉红色玛瑙，这种玛瑙中除含有致色成分3价铁离子（Fe^{3+}）外，尚有部分颜色灰暗的2价铁离子氧化物（Fe^{2+}），影响了玛瑙的颜色。玛瑙热处理就是通过氧化条件下将含有2价铁离子的玛瑙加热氧化变成3价铁离子，从而使其变成颜色鲜红艳丽的玛瑙。这种热处理的玛瑙也称为烧红玛瑙，在性质上与天然玛瑙没什么区别，处理工艺过程中没有向其中增添其他致色离子，颜色不会变化，宝石的价值与天然品相似。

玛瑙染色处理

染色处理是人工对一些颜色不够鲜艳的玛瑙进行加工优化，使其颜色变得亮丽。由于玛瑙属于微粒结晶体，在结晶的空间存有细微的空隙，这一内部特点使玛瑙的染色成为可能。因此，玛瑙被化学染色的实质不是玛瑙中的二氧化硅被染成各种颜色，而是玛瑙内部四通八达的孔隙中充满了各种染色剂。

玛瑙在染色前一般都要进行预处理，就是用苏打水或稀盐酸溶液浸泡，去除玛瑙上面的油脂或者铁质，之后将玛瑙用水冲洗干净，接下来再进行染色。常见的玛瑙染色方法有三种。

貔貅挂坠·玛瑙
尺　寸　6厘米×8厘米

170

一是将玛瑙直接放入装有化学染色剂的容器中，然后进行加热分解，使玛瑙生成呈色的氧化物。

二是将两种能够起化学反应生成着色剂的化学试剂，先后分两次浸入玛瑙，生成的着色剂经热处理后能够分解成呈色氧化物或简单化合物。

三是先将一种着色剂浸入玛瑙内部，然后再用一种固色剂浸泡，让着色剂与固色剂反应产生一种难溶呈色化合物，从而使玛瑙着色。这种方法不需要高温加热，生成的沉淀要求稳定性好。

在珠宝市场上，还能看到一些玛瑙染出图案来，如西藏的天珠，最早是西藏古人模仿九眼石页岩的图案采用草药配置颜色在玛瑙上人工绘制天珠，之后高温烧制。这种古老的加工方法目前已经失传。现如今随着藏传佛教的兴起，人们开始大批加工天珠，目前的人工天珠多数采用含铅的涂料画的眼睛，然后在高温下烧制。

还有的是在同一块玛瑙上染出不同的颜色来，如玛瑙手镯，这种化学染色法叫俏色染。操作的时候需要将不染色的部分用蜡或者胶进行遮蔽，使得化学染色剂不能浸入。而不遮蔽的部分，染色剂就可以渗入其中。

辨清玛瑙与玉髓

市场上有不少人会将玛瑙与玉髓混淆，但是只要了解相关知识后就很容易辨别，尽管玉髓的主要成分也是二氧化硅，但内部结构却有区别，玉髓属于含水石英的隐性晶体，这一点与水晶更为接近，而玛瑙却是脱水二氧化硅的胶凝体，故玉髓的通透感与纯净感比玛瑙强很多。另外，玛瑙常具有纹带构造，而玉髓不具备任何形态的纹带构造。

吉庆有余洗·玛瑙

尺　　寸　30厘米×25厘米

鉴石要点　由一整块玛瑙雕刻而成，洗口敞开，边缘雕波浪纹，一条锦鲤在波浪间跳跃。色彩艳丽，雕工精细。

热处理过的玛瑙很难上色，这是因为其内部的孔隙已经变得很细小。

不同颜色的玛瑙染色方法也有差异，比如，有的红玛瑙经加热后会变为鲜红色，但大多数玛瑙要进行染色才能变红，一般是要在硝酸第二铁或盐化第一铁溶液浸渍一个月后，再以硝酸钠浸透约半个月后，再让其干燥，然后加热酸化处理，就可以使它变为红色。绿玛瑙的染色是用铬酸溶液或重铬酸溶液浸透，之后让其干燥后再加热处理，由于受到酸化铬的影响，玛瑙会产生绿色的着色效果。蓝色玛瑙的着色法有两种，一是用氯化钴溶液浸泡后再加以酸化处理。另一种是先将玛瑙放在赤血盐或黄血盐溶液中浸泡，之后再放入铁盐液中浸透，让其产生变化，再加热处理，便可得蓝色的效果。黑色玛瑙染色是先将玛瑙浸泡在砂糖液中，之后加入浓硫酸煮沸，使其炭化，如此一来其组织将会因碳素而呈现黑色，如果能完全做到炭化，并加热处理完整的话，颜色就会非常稳定且不褪色。

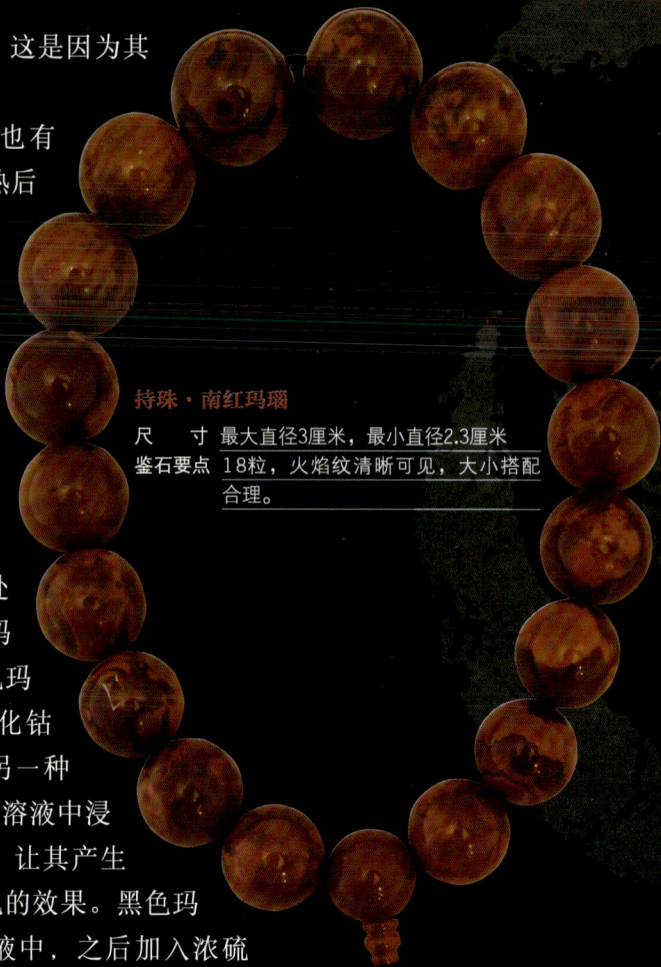

持珠·南红玛瑙
尺　　寸　最大直径3厘米，最小直径2.3厘米
鉴石要点　18粒，火焰纹清晰可见，大小搭配合理。

玛瑙优化处理

根据玛瑙的优化处理的有无和方式，玛瑙的颜色按其成因可分成三类：原色、烤色、染色。

原色为天然颜色；烤色是高温改色，未加染料；染色是加各种染料染色的，通常也要经过高温处理固色。需要注意的是，天然原色或无色的手镯通过加温会使颜色更艳丽或改善玛瑙的透明度。

在鉴别染色玛瑙和天然玛瑙的时候，可注意染色玛瑙与天然玛瑙的颜色色调不同，天然的色彩柔和，而染过色的则颜色鲜艳，而且使原玛瑙中的色带、

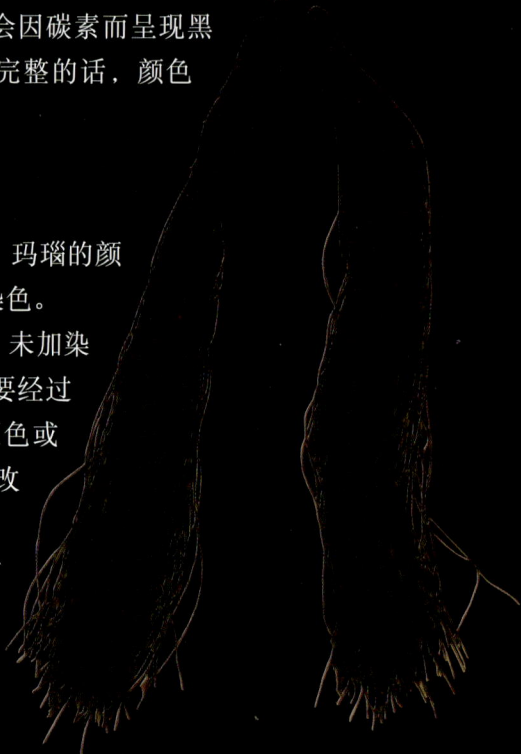

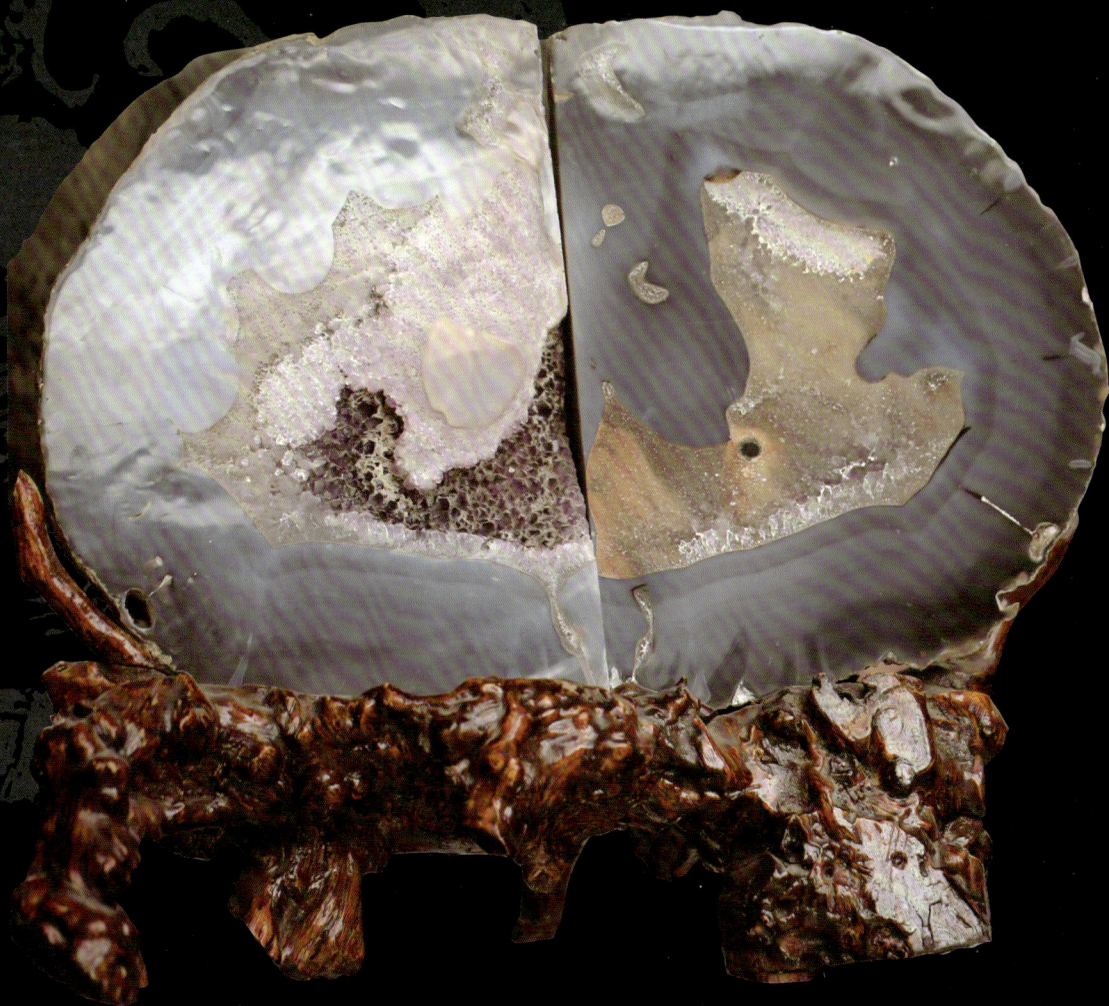

色环之间的界线变得十分模糊，颜色变得均一。

　　另外，由于染色玛瑙大多是经过色料浸泡、干燥而成的颜色，当色料沉积在玛瑙的孔隙中时，在放大条件下可以在裂纹和孔隙内找到不均匀的色点。一般用十倍放大镜即可鉴别，精细的染色品要在宝石显微镜下观察。在放大镜下放大观察时，高温染色或高温处理烧红的玛瑙分布有大小、形状像指甲盖一样的隐纹，纹里的颜色比较集中。高温染色处理的玛瑙，其光泽也受到影响，没有纯天然的亮。

玛瑙原石摆件

尺　寸　8厘米×6厘米

鉴石要点　由于受地质环境的影响，在形成的过程中形成了外围是玛瑙，内部是水晶晶簇的结构，这种玛瑙原石业内称之为"聚宝盆"。

新老玛瑙真伪鉴别有窍门

近年来，随着老玛瑙收藏的逐渐升温，以年均每年近80%的幅度增值。尽管老玛瑙品种、历史的研究还有诸多空白，可供参考的资料也不多，但从收藏市场来看，老玛瑙已成为普通藏家和高端投资者的新宠。

甄别新旧玛瑙

首先是加工工艺。明清时代的老玛瑙器物都以手工工艺加工而成，器物上难免留下人为"印记"。例如，当时技师一般采用解玉砂钻孔，因而老玛瑙珠的洞口外敞，呈喇叭形；而现代玛瑙琢玉技术大多以机械完成，钻出的洞口非常圆滑。另外，老玛瑙珠的钻洞采用的是两头钻孔法，器物中心的通道一般都不够笔直，中间通常会留下一个以上接孔平台；新玛瑙则是一条笔直的管道。

其次，要看玛瑙的包浆。一般仿冒品颜色鲜亮，光泽较新，钻洞内壁打磨光滑，亮度强，而老玛瑙由于存世时间久，会与空气、人体汗液等长时间接触而发生些细微的色变，色泽看上去较为淡雅，类似于亚光效果，其动过"刀"的部分与未动过"刀"的部分包浆浑然一体。

三是可从材质上鉴别。如一些以树化木等材质制成的仿玛瑙是近年的新工艺品。在古代，这类材质从未有过。

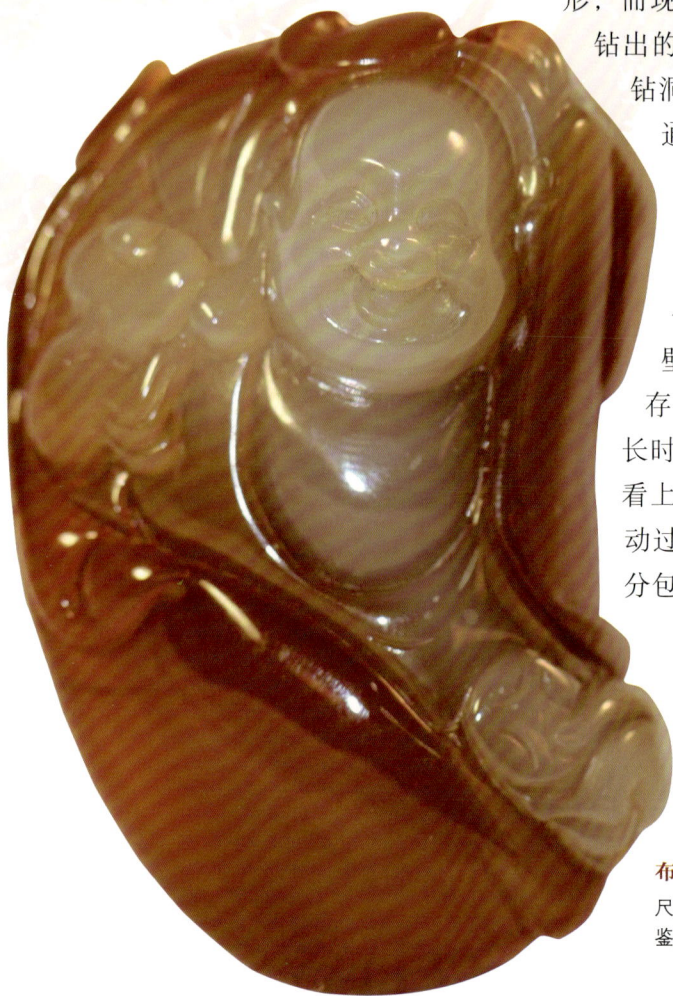

布袋和尚手把件·玛瑙

尺　　寸 7厘米×5厘米×3厘米
鉴石要点 现代玛瑙雕件，色泽明快，质地细腻，无
　　　　包浆。

器物形状识新旧

从器形上鉴别新旧玛瑙。老玛瑙成品的制作大致可以分为三个阶段：第一阶段是简单磨圆阶段，即尽量迁就原有形状，加工成玛瑙球、玛瑙珠。自然界中，原生玛瑙一般产在玄武岩气孔中，气孔常为杏仁状、似卵状，这便决定了玛瑙的形状。原岩经风化、剥蚀、搬运后，次生玛瑙便产在砾石层中，由于以滚动搬运为主，形状多保留为卵形、似球形。因此，玛瑙最早的加工方法就是将其磨成圆珠，其缺点是易于丢失。

玛瑙首饰选择技巧

首先要根据自己的喜爱来选颜色。红色玛瑙首饰最贵重，如选玛瑙项链须注意每颗珠子颜色的深浅要一样，没有杂色，珠子的大小搭配要适当，还要注意光洁度要好。然后，把项链提起来看看是否垂直，每个珠子是否都垂在一条线上，如果项链出现弯曲，这说明有的珠子的眼儿偏了，加工工艺粗糙。

雄鸡报晓挂坠·玛瑙

尺　　寸　5厘米×8.6厘米

鉴石要点　材质为天然蓝玛瑙，造型为一只威猛的大公鸡，鸡冠高耸，引吭高歌，鸡腿粗壮有力。

第二阶段以打孔为标志，联为串饰随身佩带而不易滚动丢失，进一步突出了玉石的装饰特性。第三阶段是即切片（开料）阶段，特别是在明清时期，如一些老的玛瑙雕件、鼻烟壶、插屏等多属于那个时代的工艺。

而现代的玛瑙雕刻无论是题材，还是器形都比以前大为丰富，这一方面是因为借鉴了前人的经验，另外一方面是现在的雕刻机器越来越先进，在硬度较高的玛瑙上面也能从事比较细腻的雕刻。

巧辨人工注胶与人工合成玛瑙

人工注胶是近代开始出现的一种优化红玛瑙的方法，注过胶的玛瑙原石比较容易识别，因为在其外层有一层存在小气泡的透明包裹体。雕刻后的注胶玛瑙，用放大镜会观察到内部有细丝状的透明线纹。通常这种线纹较为直，且贯穿的幅度较长，与天然纹理有着明显区别。

还有的是直接用人工合成的材料冒充真玛瑙，辨别玛瑙原料真伪，主要从三方面入手：首先是看颜色，真玛瑙光色鲜亮，纹路自然，色带明显。假的则相反，光色黯淡呆板，纹路人工痕迹明显；其次是测硬度，取一块有棱角的玉石或紫砂碎片对玛瑙器进行刻划，真玛瑙硬度高，不会留下刻划痕迹，用它石冒充的"假玛瑙"则会留痕。值得注意的是，人工合成品有的硬度很高，也不留痕迹，那就用看色等手段进一步甄别；最后是掂重量，由于玛瑙的硬度大，再小的器物放在手里都显得压手，"假玛瑙"则显得很轻。

扳指·战国红玛瑙

尺　寸 2.5厘米×0.6厘米

鉴石要点 扳指为圆柱形，战国红材质，色彩丰富，整体磨光圆润，做工精致细腻。

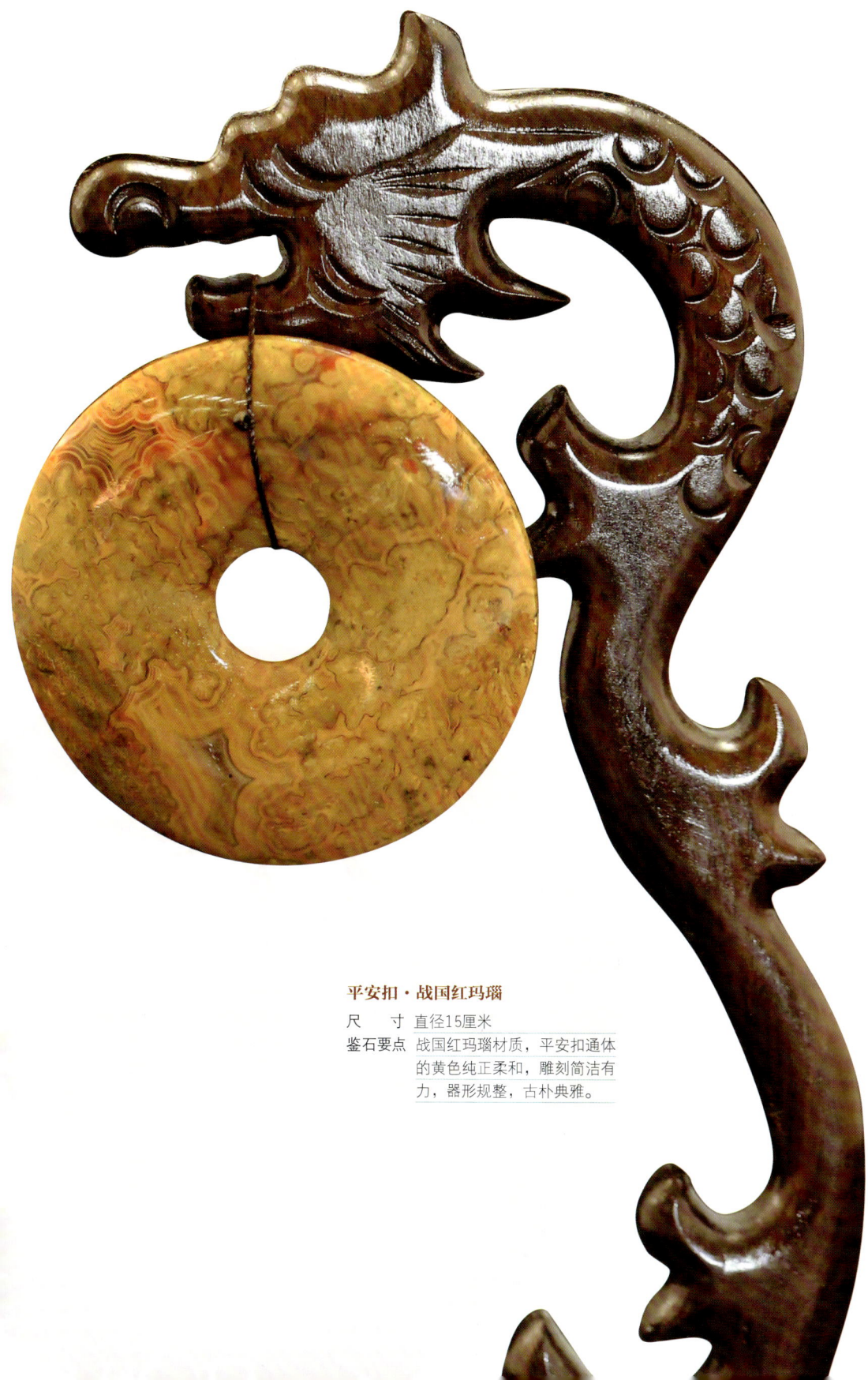

平安扣·战国红玛瑙

尺　　寸　直径15厘米

鉴石要点　战国红玛瑙材质，平安扣通体
　　　　　的黄色纯正柔和，雕刻简洁有
　　　　　力，器形规整，古朴典雅。

福禄寿三星摆件摆件·玛瑙

尺　寸　18厘米×28厘米

第八章

实战购买真学问，

收藏投资有技巧

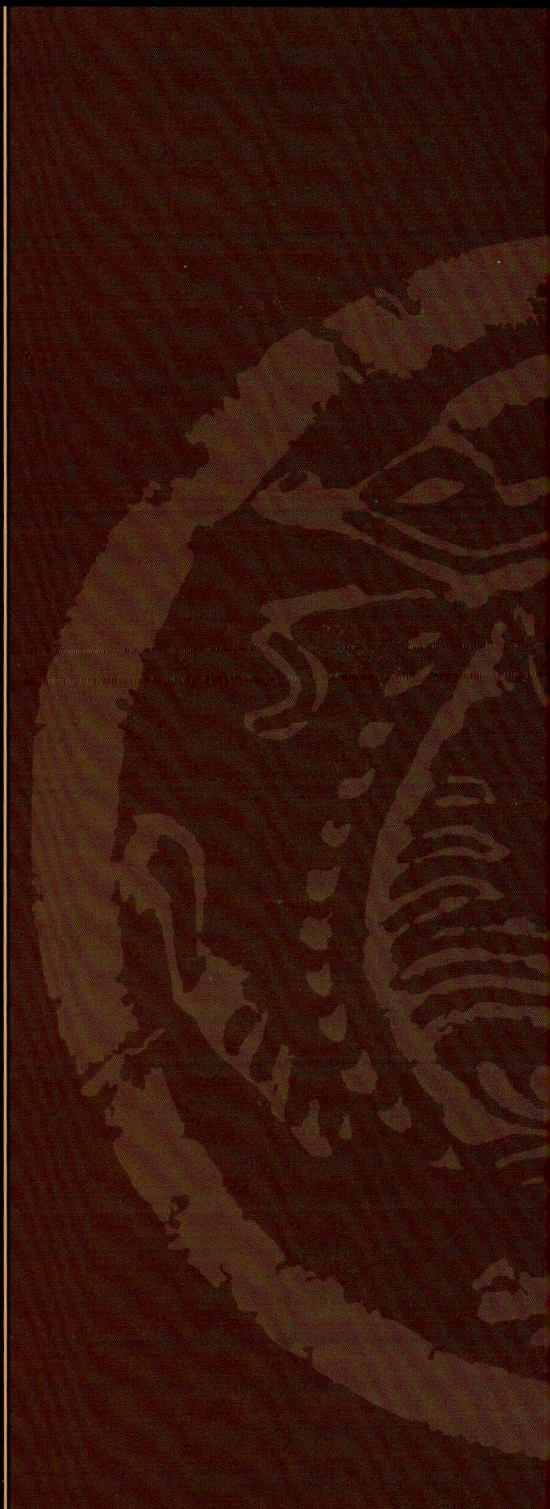

投资入门必掌握的八原则

玛瑙作为一种人们经常佩戴的玉料，从最近几年的走势来看，很多品种的价格一直都是呈上涨的趋势，但这也并不意味着投资玛瑙就能稳赚不赔，初入行者要想盈利，掌握一些基本的投资知识必不可少。

找名师指点

俗语说"神仙难断寸玉"，玛瑙也一样，由于其种类繁多以及优化处理是这一行很通行的做法，所以，新手在入门时首先应该找一位资深的老师给予指点。这样既能观赏老师的投资品增加实践经验、提高眼力，还可以比较系统地学习玛瑙方面的知识及玛瑙投资中一些常见问题的解决办法。

了解真伪贵贱

这方面需要新入门者查阅大量的资料及观看实物，正所谓熟能生巧，刚入门的投资者一定要理性，不能心急，多看少买。

明确精品原则

具备材质上乘、工艺精美、品相完好等特点的玛瑙为精品。当然，从低端到高端是一个必经的过程，只有真正了解普通产品的人，才能了解精品的魅力所在。

清·玛瑙杯

尺　寸　高13.3厘米
鉴石要点　大口，深腹，平底。造型别致，器壁极薄，呈半透明状，纹理清晰。朴实无华，优美古雅，是一件精美的工艺珍品。

建立价格标准

大多数人都存在很强的主观性，这种主观性对玛瑙投资十分不利，这也是造成不同的行家对于同一产品给出不同价位的原因，这也是玉石市场价格波动的一个主要因素。因此，即便是行家也不要以自己的主观性为标准去判断一件玛瑙的价格，要从年代、工艺、器形、材质、寓意及存世量等

多方考量。

掌握市场行情

一块玛瑙到底能卖多少钱，不仅购买者心中没数，整个市场也难有标准。结果就出现了这样一种现象：有人一块石头喊价10万元，但2000元就卖了；有人喊价几十万元，结果一两万元就出手了。另外，玛瑙的价格还经常会出现地区差、时间差，如不注意搜集资料、了解行情、提高鉴赏能力，盲目进行高端投资就可能造成不必要的损失。

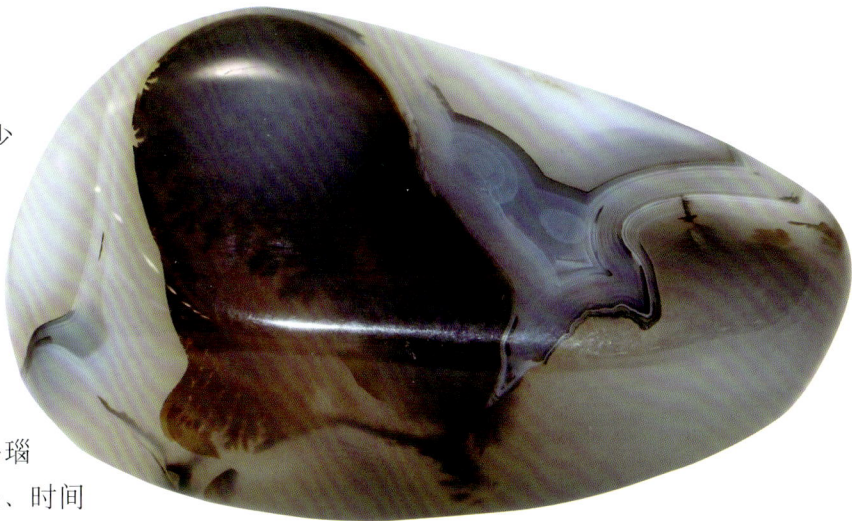

马达加斯加玛瑙原石
尺　寸　8厘米×6厘米

不盲目跟风

在宝玉石投资市场，一些名家的作品或是获奖作品一直是投资者收藏的热门，但是投资者并不知道的是，这些热门作品在此后的五至十年内是不会升值的，因为在最初购入之时的价格，已经把这五至十年内的升值空间算在里面了。因此，选择升值空间大、品质好的非名家作品也会得到很大的收益，但这就需要投资者拥有敏锐而独到的眼光。

做好中长线投资的准备

目前玛瑙等玉石投资市场长期投资可以获得几倍、几十倍的收益，短期的投资收益少，甚至无收益。因此投资者要有耐心，做好中长线投资的准备。

只看品质，不看大小

有很多投资者认为体积大的玛瑙投资价值就大，升值空间也大。其实，玉石产品的价格和玉石产品本身的体积大小并不是成正比的，其价值主要取决于品质、市场炒作以及国家宏观经济的走势等，因此对于中小投资者而言，不要将资金分散，一切以品质为先，宁缺毋滥。

马达加斯加玛瑙原石
尺　寸　6厘米×4.5厘米

玩家具备的投资素质

中国人有着悠久的崇玉、好玉传统，尤其是当前人民生活水平和文化素质不断提高，玉器收藏近年来更是持续升温，全国玉器收藏爱好者的队伍数以千万计。购买玉器并收藏目前已成为老百姓的一条重要投资渠道。在房价居高不下、股市萎靡不振，投资渠道缺乏的今天，很多人的理财观念也已经悄然发生变化，人们逐渐放弃了存钱保值的单一信条。人们越来越认识到玉器收藏具有保值、增值的作用。

认准行情出手果断

玛瑙投资如同其他任何一种投资方式一样，必须把握住投资时机，否则贸然投入，难免血本无归。目前，投资玛瑙的时机已经成熟，因为中国已经进入一个"盛世藏玉"的时代。

投资玛瑙必须以精品为主，那些次品既使有收益，也不会太高。现在，好的玛瑙原材料日渐稀缺，逐渐呈供不应求的局面，品相好的玛瑙往往会引发大批收藏者竞相出价。

比如，近年来南红玛瑙价格翻涨的消息不断见诸报端，曾有业内人士预测，疯狂的南红价格已经濒临泡沫破灭期，但从目前的行情来看，市场上并未出现这种迹象，相反价格依然在上涨。以一个1/4手掌大的高端挂件为例，5年前售价仅为2000元，2013年就卖到2万元，而2014年已经要4万元了。与不断翻涨的中高端南红玛瑙相比，中低端产品价格较为稳定。

清·龙头玛瑙花瓶
尺　寸　高15厘米
鉴石要点　质地温润，颜色柔和，瓶上雕琢一威猛的龙头，造型优美，雕工细致。

马达加斯加玛瑙原石
尺　寸　4厘米×6厘米

投资必须要有的心态

在中国素来有"盛世收藏"的说法，伴随着近年来居民财产性收入增加带来的大量财富积累，以及人们理财观念的进步，越来越多的投资者认为：理财不该把"鸡蛋"放在一个篮子里。于是，在房地产调控、股市低迷等传统理财渠道越来越狭窄之际，不少人选择宝石、字画、瓷器等艺术品作为投资渠道。

总结长达数千年的艺术品收藏史会发现，此前中国曾出现过三次全国性的"收藏热"，它们分别发生在北宋末年、康熙年间和清末民初。这三次"收藏热"的共同特点是上至帝王将相、下至平民百姓都以收藏为乐；伪造的艺术品、工艺品花样翻新，并能以假乱真；市场上古玩、书画交易频繁；研究成果不断问世，鉴赏水平较高。如果以此来衡量，中国目前正处于第四次收藏高潮。

不过，收藏投资的一大特点是藏品的真正价值难以确定。长期以来，只有专家级收藏家才有资格决定其价格高低，因此一般的收藏投资者对于藏品的价值难以准确估算，而由于一些藏品的市场流动性差，所以，艺术品投资要有打持久战的心态。

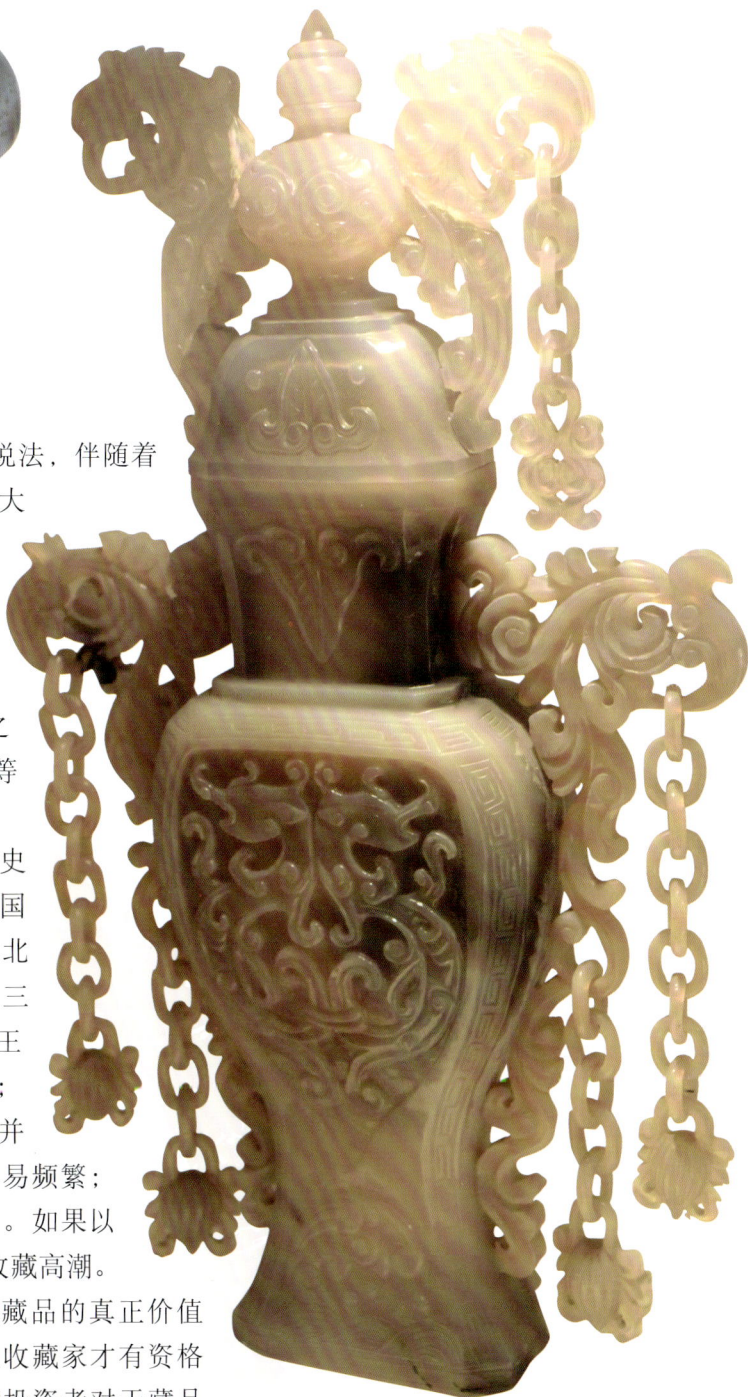

凤耳链瓶·玛瑙
尺　寸　23厘米×18厘米
鉴石要点　整个耳瓶由瓶身和瓶盖组成，瓶身和瓶盖左右两侧各雕刻一对凤耳，凤嘴衔链，瓶身雕刻螭龙图案，颈部雕一牛头纹，造型精美，雕工细致。

做足功课巧投资

从投资收藏的角度讲，每个人都应该有一个准备。当下喜欢收藏的人非常多，但是冒冒失失地进来，没有准备，可能会出很多问题。如果要涉足收藏投资就需要提前做足功课。

理论先行硬道理

投资者首先应该知道自己要收藏什么，再把对应的书找来看。

比如说，喜欢玛瑙，那么就要找一些玛瑙类的书籍来看看，把各种玛瑙先弄清楚。要收藏印章，就要了解石谱及印章的基本知识和基本术语，比如多大摩氏硬度的石头适合做印章石，中国四大名印的基本常识等，这些专业上的准备非常重要。如果自己一点都不懂，就跑到市场上选购，上当受骗的几率无疑会大增。

对于初次投资收藏品的人来说，在确定收藏品时，一定要选择自己较为熟悉的收藏品，了解自己想要投资的收藏品的特性、质量好坏的判别标准、真伪的鉴别、收藏的价值、价格及价格的未来走势等等，否则虽然投入了大量资金，结果收集来的只是假冒伪劣品，最终导致收藏者损失惨重。

良师益友真朋友

初入行者最好请个老师，多交一些收藏界的朋友。但这条要注意，一定要找正经人，不要找一些走旁门左道，全是巫术的人。再有一点，你请的这位老师应该有一定的社会地位，比如说在专业单位任职、有过收藏成就，这样的人会对你有很大的好处。

有时候别人教一句，省得你摸索半天。"物以类聚，人以群分"，在众

清·拇指环玛瑙

尺　寸　3厘米×4厘米

多的玛瑙石投资收藏大军中，主要可以分为以下几种类型：欣赏型收藏者、投资型收藏者、科教型收藏者和综合型收藏者。

其中欣赏型收藏者大多是风云人物。他们的收藏品味高，品质好，多为珍奇稀有的精品、珍品、绝品。这部分收藏者给玛瑙市场注入了活力。

见多识广有帮助

接触实物有很多种方式，最多的就是看展览多逛逛市场。

另外，看的同时能上手尽可能去上手。比如拍卖会的预展，你可以去看一看，摸一摸，感受一下。别人有好东西，你在不违反操作规程的前提下，可以上上手，但一定要小心。

在选购石头的时候，一定要带上手电筒。商家拿来石头时，往往会在石头上抹点橄榄油婴儿油之类的润滑油，称是保养石头。但是，这样的做法会掩盖了石头本身的缺陷，抹了油就看不出裂纹。而手电筒能将抹油的石头看个究竟。

防止上瘾巧投资

收藏投资也是一个"无底洞"，有的人对此很上瘾，见东西就买，但结果都砸在自己手里了，赔的是一塌糊涂。收藏界流传有很多关于藏家倾家产投资，却因所购之物是赝品而破败的故事。藏家尚且如此，新手因为还没有掌握必要的收藏经验，显然更容易失手买到假货。

所以，新入藏市一定要保持淡定的心态，千万不能盲目地"过多"投资。在收藏的时候首先要注意的一个事项就是应该量力而行。收藏是一种乐趣，绝不能把这种乐趣变成一个负担。尤其是在起步阶段，谨慎为宜。现在拍卖市场售出的昌化石，少则几千几万元，高则数十万元，上百万元。

虽然高价位作品收藏价值一般较高，但是价位过高的作品，不利于在市场上流通，也不便于一般私人收藏，因此对于初入门者来讲，最好留意那些中等名家的作品，往往价格不高，但质量较好。

清·玛瑙龙带钩（一对）

尺　寸　长10厘米
鉴石要点　龙首刻划精细入微，毫发具
　　　　　现，龙眼凸突，凶猛传神。

戒贪不精防失手

收藏要注意的另一个事项，就是戒贪，这一条非常重要。贪是人的本性，总想买的东西比别人便宜，就很容易上当。在选购藏品的时候要留意低于市价很多的东西很可能有问题：或是东西有瑕，或是大量倾销，或是仿冒。天上不会掉馅饼，千万要戒除贪小便宜的心理，否则极可能投资失手。

再就是杂而不精。现在收藏市物的投资品很多，比如有的人见什么都买，家里字画、瓷器、石头、玉器、佛珠应有尽有，这种杂乱一方面耗费了钱财，另一方面也浪费了精力，无暇去时刻关注这一行的市场行情和潮流变化。

在拍卖会上，受现场气氛、竞拍者多少、暗箱操作等因素影响，一些藏品出现奇高成交价，远远高出普通市场价格。这不能是市场标准价。收藏者和投资者只有了解行情，才能减小收藏投资风险。对于初入行者必须尽快确定自己的收藏方向，并据此进行投资。而一旦确定了收藏方向，就要尽量坚持下去，不要轻易改变收藏方向。有许多物品，初看没有什么收藏价值，但当收藏达到一定规模，形成一个系列后，或经历一段较长时间，却会显示出极大的收藏价值。

清·珐琅景泰蓝玛瑙杯

尺　寸　高8厘米

鉴石要点　天然玛瑙制成，杯身光素，敞口微外撇，圈足光滑。配杯柄和底座，底座用景泰蓝工艺包裹一层银饰。造型独特，古韵古香。

长期投资有计划

如果是投资行为，应有长期投资计划，需将购进的艺术品收藏几年。不能幻想今天买进，明天出手就赚钱。因为艺术品投资是一个长期行为，需符合市场规律。投资者必须购买真品、精品。真品是前提，精品能经得起时间和市场的考验。

总之，收藏没有捷径可走，哪条路都要付出心血努力才能到达收获的站点。如果没有兴趣和爱好，不能在收藏中得到快乐，仅想在短时间内通过投资珠宝饰品获得可观的利润回报也是不可取的想法。

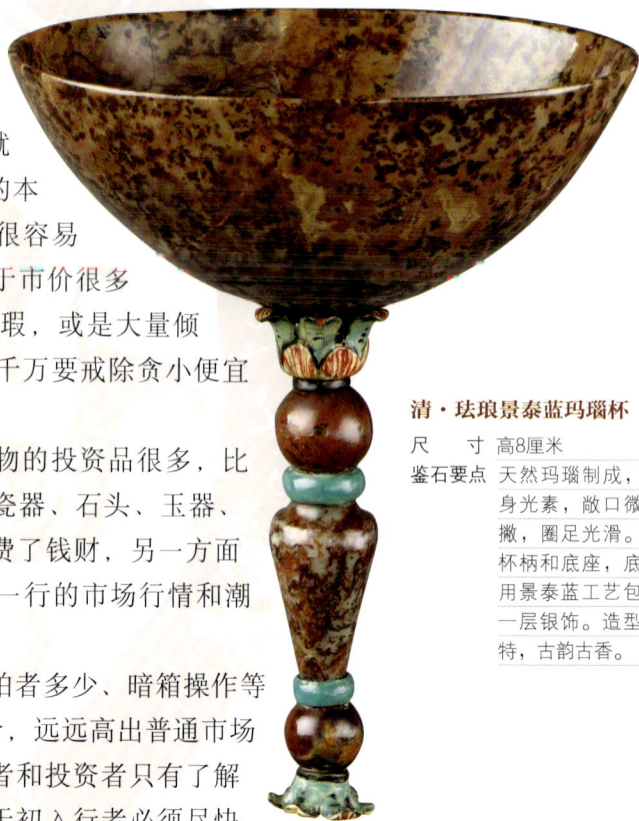

鼻烟壶·战国红玛瑙

尺　寸　4.5厘米×5厘米

鉴石要点　现代工艺制作而成，颜色丰富，烟壶鼓腹，平底，制作细致考究，选材工整。

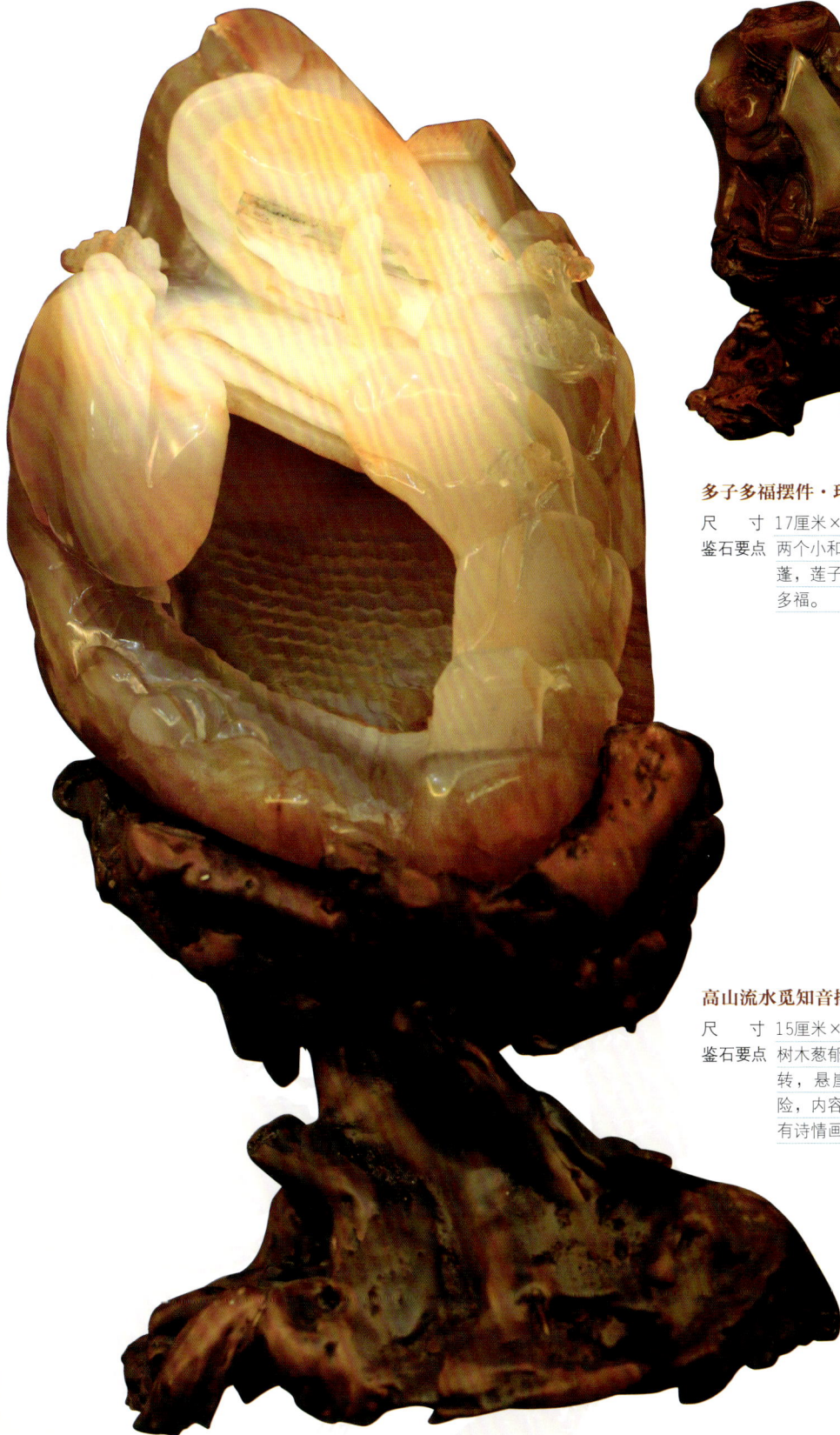

多子多福摆件·玛瑙

尺　寸　17厘米×21厘米

鉴石要点　两个小和尚齐捧一只硕大的莲
蓬，莲子饱满结实，寓意多子
多福。

高山流水觅知音摆件·玛瑙

尺　寸　15厘米×28厘米

鉴石要点　树木葱郁，亭塔掩映，峰回路
转，悬崖峭壁。作品取势奇
险，内容充实，虚实相生，富
有诗情画意。

投资玛瑙原石要注意风险

玛瑙原石是未经加工过的天然玛瑙矿石，为微晶聚合体，在火成岩，沉积岩和玄武岩中均可形成。它们形状各异，有钟乳状、结核状、致密块状等。

行情看涨慎投资

最近几年随着玛瑙行情看涨，投资玛瑙原石的也越来越多，特别是像南红、战国红等市场上的热销品种更甚。由于很多玛瑙原石的外面有一层风化皮包裹着，无法知道其内在好坏，须切割后才能知道质量，所以这种投资和翡翠、和田玉一样，都属于"赌石"。

赌石界有这么一句话："神仙难断寸玉。"唯有切割剖开后才有真实的结论。赌石人凭着自己的经验，依据皮壳上的表现，反复进行猜测和判断，估算出价格。

买回来可能一刀剖开里边色好水足，顿时价值成百上千万，也有可能里边无色无水，瞬间变得一文不值，这就是赌石的风险。"表里不一"的特性给这些石头赋予了许多神秘感，也让很多人沉迷其中不能自拔。一刀穷，一刀富，一刀穿麻布；疯子买，疯子卖，还有疯子在等待……这段顺口溜说的就是赌石。

选料看皮有学问

玛瑙原石的外表透光度不高，并且伴生矿很多，与其共生的可能有水晶、红碧石等等，在不开口的情况下，根本不知道其内在玛瑙的含量与玉质，因此收藏原石需要更丰富的专业知识以及长期的切料经验。

看皮料的结晶情况，以细皮料最好，一般是中上品；

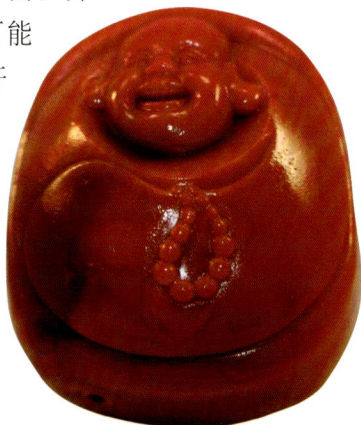

赌石风险要小心

赌石是玉石行当里延续千年的一个传统，相传在两千年前的楚国，有一个叫卞和的人，他发现了一块玉璞，并认定这是世间罕见的美玉，于是拿出来献给楚国的国君。可国君却以为受骗上当，先后砍去了他的左右腿。直到后来楚文王继位了，才派人拿来了玉璞并请玉工剖开，结果得到了一块价值连城的玉石，这块玉石就是历史上著名的"和氏璧"。故事中的卞和，尽管赌中了和氏璧，但他却为此付出了自己的双腿。

弥勒佛·玛瑙

尺　寸　3厘米×3.5厘米×2.3厘米

粗皮料最差，一般是下品；砂皮料则在二者之间。

绺裂是赌石致命点

绺裂，这是玛瑙赌石的又一个致命关口。绺裂对玛瑙的危害很大，直接影响取料和美观，危及价格，因而是不可忽视的表现。有经验的商人常说：不怕大裂怕小绺；宁赌色不赌绺。因为玛瑙的二氧化硅质地，加之脆性大，在出现稍微大一点裂痕的情况下，雕刻时破伤和掩伤基本不起作用，除了顺裂开料没有其他办法。

因此，在挑选玛瑙原石的时候，不要只注意开了口子的地方，周围的情况也要仔细观察，仔细查看原石表面的裂纹，否则很可能会给出偏高的估价。

特别是南红玛瑙原石的赌性更大，有些外表看上去非常完整的材料，去掉外皮后往往发现非常多的伤裂，根本无法使用。某些方面来说，南红赌料不比翡翠赌料风险低。

另外，即便买到好料，委托加工过程中还存在变数和风险。投资原石可从"小"起步，原石太小缺少研究性，太大研究起来又过于复杂，初进入此行者可以先购买3～10千克的原石来研究学习。

手串·南红玛瑙
尺　寸　直径1.7厘米，14粒

红白料手串·战国红玛瑙
尺　寸　直径1.4厘米，15粒

黄白料手串·战国红玛瑙
尺　寸　直径1.4厘米，15粒

饰品选择有窍门

珠宝种类比较多，如果只是出席一些商务活动、社交场合，我们可以佩戴一些时装饰品，但要想购买保值升值的珠宝，则应该购买高级珠宝。

市价火爆的精品

近年来，珠宝收藏越来越火，比如，在2009年香港佳士得珠宝秋拍中，一枚"莹彩粉红"钻戒以7359万人民币成交，成为当年全球珠宝拍卖中最高成交拍品。2013年10月，重达118.28克拉的椭圆形D色无瑕最终以2.12亿港元落槌，刷新白钻世界拍卖纪录。这枚118克拉的白钻，由2011年于南非开采的299克拉的钻石原料加工而来。很多人购买珠宝已不限于佩戴装饰，而是作为一项投资，一项长远的理财方案。

珠宝市场的热浪一阵比一阵高，但珠宝的投资、收藏门槛并不低。有的人花了一大笔钱买来的可能一点不值，更谈不上升值潜力。要想在这一行有所建树，首先就需要做足功课，了解珠宝行的门道，唯有此才能找到真正的投资机会。

追求美学设计

珠宝首先是一种美学设计，这种美学不仅表现为光彩夺目的材质和独具匠心的设计，而且体现在珠宝设计师精巧的制作工艺上。

要买名贵的珠宝，首先是去大品牌的珠宝店。但有时候拍卖场上的价格比珠宝店可能更划算、更有优势。比如，在一般的珠宝店很少能找到2克拉以上的钻石戒指，10～20克拉的顶级钻戒更是渺茫。但在拍卖场，从1克拉到几十克拉的顶级钻石，种类繁多，各种成色、级别都可以看到。价格方面，拍卖是按照二手物的价格征集来的，自然会比直接从珠宝店购买便宜。虽然便宜，但由于使用者的保存和收藏非常小心，这些名贵珠宝基本上保持着全新的面貌。因此，拍卖场很值得对珠宝首饰有兴趣的的人前去"淘宝"。

花开富贵挂坠·南红玛瑙

尺　　寸　3.5厘米×4.4厘米

材质与造型的选择

除了珠宝本身的材质和造型之外，购买者首先还是要看是否合适自己的佩戴和需要。佩戴珠宝首饰能形象地显示出一个人的性格特征、生活爱好以及文化修养等。但选购和佩戴时要因人而异，注意与自己的身材特征、气质和性格相协调，否则有可能会弄巧成拙，非但没有达到美化自己的效果，反而还会惹出笑话。

珠宝的价值在于它是不可再生资源，尤其是一些品牌珠宝，还具有一定的历史故事。今天的商业社会最看重的就是品牌，和其他收藏品一样，名人或是具有历史题材的首饰在市场上必定是身价不菲。某种程度上，珠宝设计大师及其品牌代表了珠宝的品质和价值。比如，同样成色、重量的钻石，放在卡地亚、周大福或是金至尊，价格一定不同。相同的东西，一个是由好莱坞明星代言的顶级品牌，一个是默默无闻的企业生产，其价格必然也相差悬殊。

文化底蕴的追求

在所有珠宝中，最有收藏价值和升值潜力的应当是高级珠宝。所谓"高级珠宝"有两个含义：一是珠宝本身的材质、设计及工艺；二是珠宝背后的历史和文化底蕴，所代表的时代风潮，创作中蕴涵的文化精髓。一件高级珠宝作品，如果能够将这两者完美融合，呈现出来的就不仅仅是商品，更是值得珍藏的艺术品。

佛挂坠·玛瑙

尺　寸　2.1厘米×4.8厘米×1.5厘米

玛瑙佩戴及养护常识

玛瑙是一种比较贵重的物品，在佩戴使用的时候，由于受环境、生活习惯等影响，经常会碰到失去光泽、变色、变形断裂、脱落等现象。因此，平时需要注意佩戴方式和爱护保养，才能常保璀璨闪亮。

防划伤

大多数玛瑙的硬度较高很难被其他物品划伤，但有的玛瑙内部存在诸如裂理等结构缺陷，有的硬度较高但韧度较低，在强力碰撞下容易断裂。因此，玛瑙饰品保养的首要条件就是防止硬物或外力撞击，佩戴者在做运动、粗重工作时，都不应该佩戴。

防油脂

玛瑙戴久了会吸收皮肤或外来的油脂(包括一些化妆品)，会产生灰尘积累，并因此严重影响其光亮度。

珐琅掐丝镶嵌南红玛瑙手镯

尺　寸　6厘米×6厘米

鉴石要点　掐丝镶嵌工艺制作而成，镶嵌的南红玛瑙色泽饱满均匀，且质地细腻，手感滋润。

因此，进入厨房前，最好取下首饰。另外，也不要经常用手去触摸珠宝，因为人的手上也会有油脂分泌，会影响宝石的光泽。

对于那些佩戴在身上与肌肤贴近的饰件，如手镯、挂件等，要经常用中性洗涤液清洗，个别雕工复杂的，可以用软毛刷(各种毛笔是不错的选择)轻刷，再放到阴凉处吹干即可。新购玛瑙饰品一般应先在清水中浸泡几小时，再用软毛刷清洁，然后用干净的棉布擦干后再佩戴。

珐琅掐丝镶嵌南红玛瑙戒指
尺　　寸　2.3厘米

防酸碱物

当沾到含酸、碱性的物质，可能会对玛瑙有所损害，因此在日常生活中不要让玛瑙碰到化妆品、香水、肥皂等可能含有酸碱物质的物品。同时也要记得佩戴玛瑙首饰要有顺序，先化好妆，再佩戴。

防松动

对于一些镶嵌工艺制作而成的玛瑙饰品，需要定期"体检"，到珠宝店去查看玛瑙是否有松动现象。

防热源

佩戴或者收藏玛瑙饰品要注意避开热源，如阳光、炉灶等，因为玛瑙遇热会膨胀，分子体积增大影响内质，持续接触高温，还会导致玛瑙发生爆裂。因此，到日照强烈的沙滩等地游玩时尽量不要佩戴玛瑙首饰，避免过强的阳光直接照射。喜欢蒸桑拿的人，在进桑拿房前也要将玛瑙饰物取下，不要让玛瑙长期处于高温湿热的环境中，泡温泉时温泉中的硫磺也会对玛瑙的质地造成极大伤害。

防湿度

玛瑙要保持适宜的湿度，尤其是水胆玛瑙在形成时里面就存有天然水，如果保存环境很干燥，会引起里面天然水分的蒸发，从而失去其艺术和经济价值。

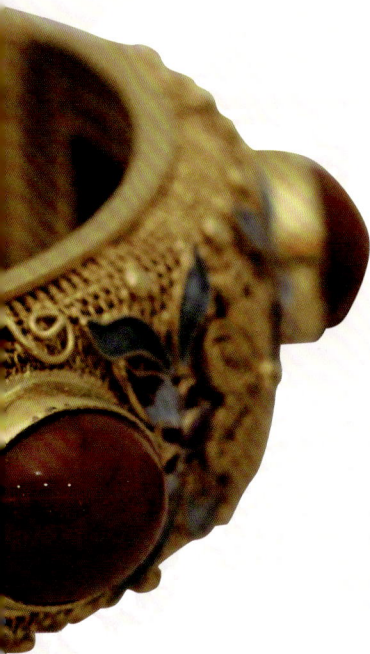

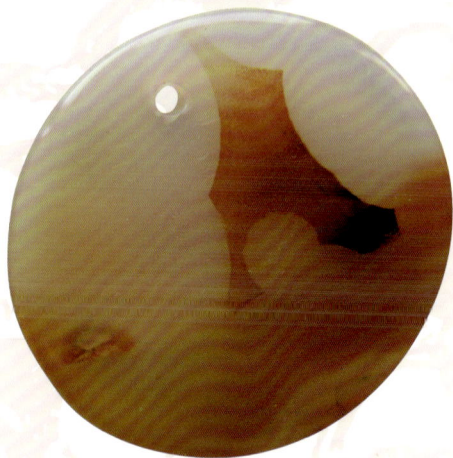

步步登高·玛瑙

尺　　寸　2.8厘米×2.8厘米×0.2厘米

鉴石要点　图案就如云雾中突然出现的一
　　　　　只高跟鞋，寓意步步登高。

光辉形象·玛瑙

尺　　寸　4厘米×4厘米×0.2厘米

鉴石要点　如海平面刚刚升起的一轮红日，在光
　　　　　与水的映衬下散发出一圈圈的光晕。

火眼金睛·玛瑙

尺　　寸　3.2厘米×3.2厘米×0.3厘米

鉴石要点　颜色鲜明，图案造型就如一只猴脸，
　　　　　火眼金睛，神通广大。

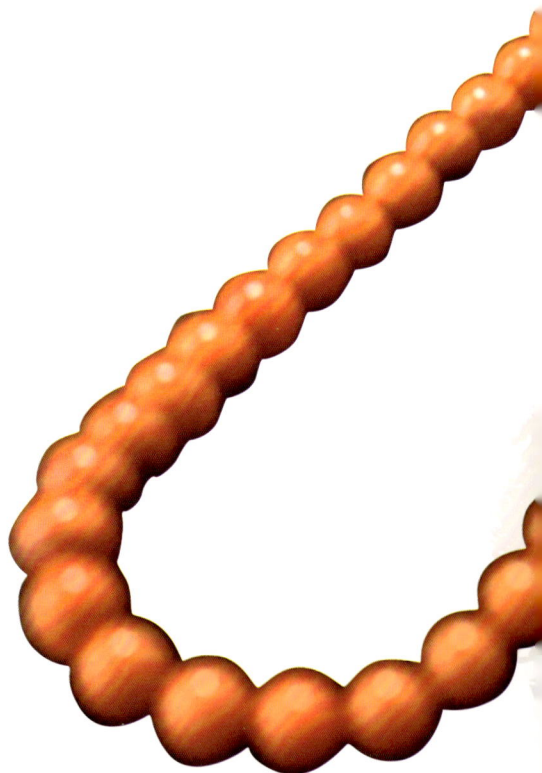

勒子·战国红玛瑙

尺　寸　2.5厘米×4厘米

鉴石要点　战国红材质，红黄相间，质地细腻，形体大方美观。

塔珠项链满红·玛瑙

尺　寸　单珠直径0.7厘米，108粒

鉴石要点　整串项链的珠子按照直径由小到大排列，跟宝塔的形状相似，因此得名"塔珠"。

手镯·白玛瑙

尺　寸　直径6厘米

风景山子·玛瑙

尺　　寸　22厘米×4厘米×12厘米

鉴石要点　题材为松下抚琴，高山流水遇
　　　　　知音，山间草亭，拍便栏杆，
　　　　　烹茶煮酒论英雄，追求的是心
　　　　　与自然的和谐。

弥勒佛送宝·葡萄玛瑙

尺　　寸　24厘米×24厘米

鉴石要点　材质为阿拉善玛瑙，雕刻的弥
　　　　　勒佛笑口大开，盘腿而坐，左
　　　　　肩扛钱串，右手持元宝，寓意
　　　　　招财进宝、财源广进。

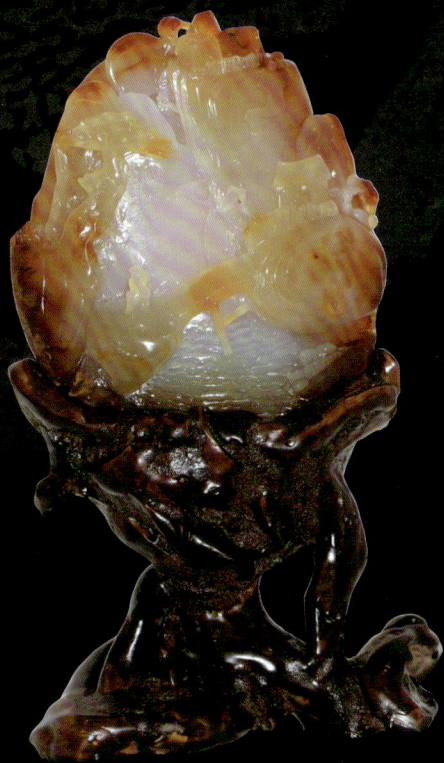

山子摆件·玛瑙

尺　　寸　15厘米×27厘米

鉴石要点　高山流水，亭台楼阁，苍松翠柏，
　　　　　就如一幅人与自然的精美画卷，宁
　　　　　静和谐。

清·合合美美玛瑙摆件

尺　　寸　高7厘米

鉴石要点　质地细腻，颜色纯净，红白两种颜色对比鲜
　　　　　明，使得红色的荷叶和荷花更加突出，寓意
　　　　　吉祥。

投资收藏玛瑙的误区

在购买玛瑙的时候，无论是出于收藏还是佩戴都需要掌握一些选择玛瑙的技巧。通常玛瑙的颜色决定了它的升值潜力。玛瑙上有渐变色，其颜色分明，层次感强，条带明显。各种级别的玛瑙，都以红、蓝、紫、粉红为最好，颜色要透亮，且应该无杂质、无砂心、无裂纹；制作工艺上，天然玛瑙石质坚硬、润滑、凝重，因此它的雕刻比起玉石雕刻更费功夫。一般来说，经过能工巧匠精雕细琢而成的玛瑙是具有较高收藏价值的，越是薄的玛瑙雕刻起来难度越高；造型上一般外形有特点的玛瑙藏品收藏价值较高。玛瑙的质地很硬，制作起来需要有几十道工序，所以，造型越是繁复的外形，造价也就越高昂，自然，它的价值也就越高。现在购买玛瑙首饰的人越来越多，选购时应避免下列误区。

认为市场鱼目混珠

一是认为珠宝市场鱼目混珠，不敢购买。的确，精良的玛瑙首饰卖的价格也不菲，以前有不少人想通过以假乱真、以次充好来蒙骗消费者，获得巨大利润。但是，随着近年来珠宝市场逐步规范，政府部门的监管也越来越严格，现在正规珠宝市场的假冒品已经越来越少。如果购买的时候，不去贪图小便宜，不去小的淘宝店或者小的杂牌实体店，一般不会买到假货。现在的珠宝市场竞争激烈，大的品牌商都很注重自己的信誉，建议购买的时候去索要专业机构的认证书，有证书的商家多有保障。当然，对于鉴定证书也要注意区别对待，现在的证书五花八门，注意查看认证机构，网上查找对应商号。

清·红白围棋玛瑙子

尺　　寸　直径2.3厘米
鉴石要点　红白两种玛瑙制作而成，棋子呈圆形，表面光滑明洁，子粒均匀，色彩鲜明。

讲究货比三家

二是购买时过于对比价格。过去人们常讲"货比三家"，但在购买玛瑙饰品的时候不应该过于对比价格的多

清·花枝玛瑙摆件
尺　寸　10厘米×16厘米

少，有的玛瑙很好看，价格相对实惠，但很有可能是赝品，或者经过人工优化处理的。

打破固有认识

　　有的人认为原产地的就便宜，于是花高价路费到产地购买。其实，原产地的很多玛瑙都是溢价很高，不一定是便宜的。还有很多说某产地出名，很有可能是故意忽悠消费者。另外，玛瑙是天然形成的，难免会有一些瑕疵，对于那些太过完美的玛瑙，有可能是人工处理过的。

玛瑙原石
尺　寸　4厘米×6厘米

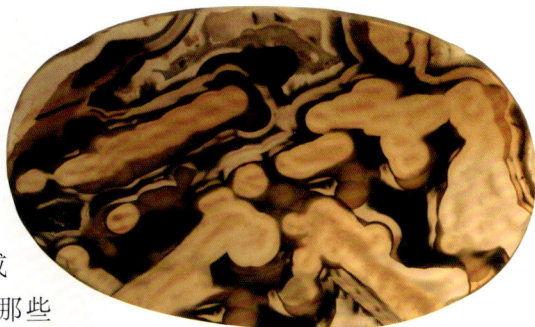

清·黄玛瑙鼻烟壶
尺　寸　高7厘米
鉴石要点　色彩娇嫩柔和，黄如鸡油，壶呈扁圆腹，直口，溜肩，圈足。

投资定级淘宝评定基础

人们对玛瑙质量和级别价值的评判，一般都是以肉眼识别作为主要手段，尽管现代科学技术发达，各种玉石鉴定仪器很多，但在交易过程中使用这些仪器一是很不方便，二是不能解决问题，因为交易现场不可能进行复杂仪器作业，所以肉眼鉴别始终是一种极其重要的方法。玛瑙种类繁多，鉴别方法也很多，通常以纹带、颜色、透明度、裂纹、杂质、砂心和块重为分级标准，除水胆玛瑙最为珍贵外，一般以两种颜色搭配和谐的俏色原料为佳品。

定级标准

目前，玛瑙饰品尚没有统一的质量分级国家标准，福建、辽宁、云南三个玛瑙产区结合自身产业发展，制定了《玛瑙饰品分级》地方标准、《玛瑙饰品》地方标准及《南红玛瑙》地方标准，从三个省区的实践来看，地方标准的制定，对当地玛瑙产业和市场的规范以及品牌创建都起到了积极的推进作用。

比如，2010年阜新制定出台了《玛瑙饰品分级》辽宁省地方标准，这一分级参照了《珠宝玉石名称》、《珠宝玉石鉴定》以及《贵金属饰品术语》、《贵金属饰品》中的有关规定、术语和方法，确立了玛瑙饰品的术语定义、化学成分、结晶状态、摩氏硬度、密度、折射率、吸收光谱、特殊光学效应等10余项质量指标，并根据玛瑙的颜色、透明度、质地、净度及工艺等5个方面对玛瑙饰品质量进行分级：根据颜色变化，玛瑙饰品分为5个等级，由高到低依次为 S1、

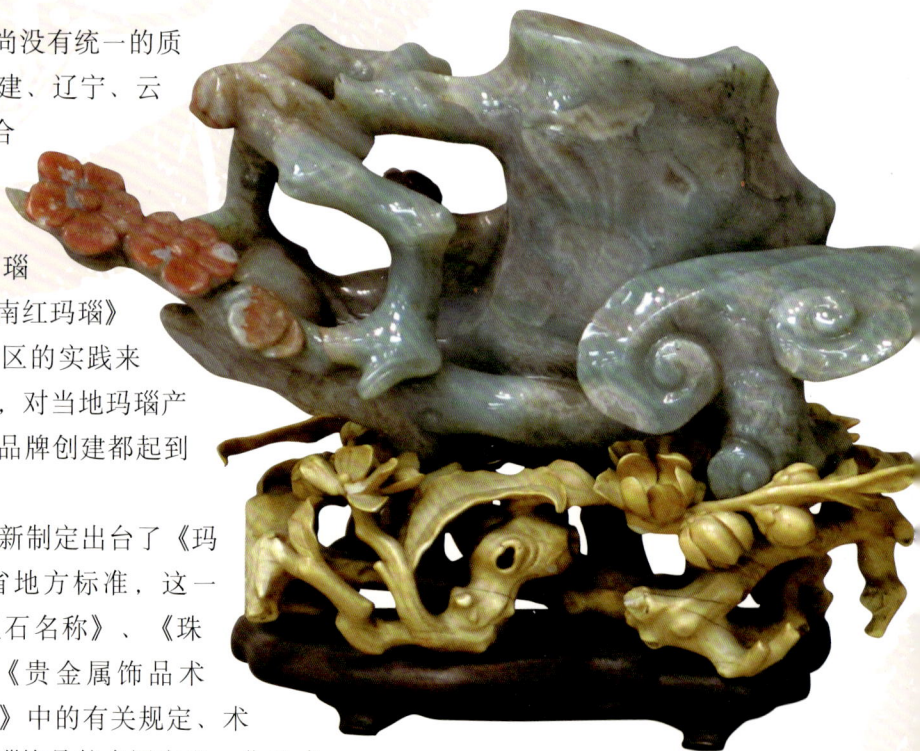

清·如意玛瑙摆件
尺　寸　高8厘米
鉴石要点　利用玛瑙的不同颜色因材取势，红色部分雕刻梅花，鲜艳粉嫩，蓝色部分雕刻枝干、如意，造型独特，寓意吉祥。

S2、S3、S4、S5；根据透明度的变化，玛瑙饰品分为半透明、微透明、不透明3个等级；根据质地变化，玛瑙饰品分为4个等级，由高到低依次为Z1、Z2、Z3、Z4；根据净度的变化，玛瑙饰品分为极纯净、纯净、半纯净、欠纯净4个等级；根据工艺水平玛瑙饰品分为优等品和合格品两个等级。

分级标准

中国珠宝界将玛瑙以颜色、透明度和块度为分级标准，除了水胆玛瑙较为珍贵外，一般以两种色搭配和谐的俏色原料为佳品。按此标准，玛瑙分为四个等级：特级、一级、二级、三级。

特级玛瑙的颜色为红、蓝、紫、粉红，外观透明、无杂质、无砂心、无裂纹，块重在4.5千克以上。

一级玛瑙的颜色为红、蓝、紫、粉色。外观透明、无杂质、无砂心、无裂纹，块重在1.5千克以上。

二级玛瑙的颜色为红、蓝、紫、粉色，外观透明、无杂质、无砂心、无裂纹，块重在0.5-1.5千克之间。

三级玛瑙的颜色为红杂色、棕黄色、浅紫色、透明、稍有裂纹，块重在0.5千克以上。一般情况下，特级料价是三级料价格的3.5倍。

玛瑙雕花石

尺　寸　14厘米×4厘米

玛瑙原石切片

尺　寸　高4.5厘米

如鱼得水手把件·玛瑙

尺　寸　8厘米×6厘米×3厘米

清·玛瑙摆件

尺　寸　高6厘米

鉴石要点　仿古器物，颜色粉红，造型古朴大方。

弥勒佛摆件·玛瑙

尺　寸　20厘米×20厘米

鉴石要点　弥勒宽肩露胸坦腹，慈眉善目，小口大开，左手握珠，右手执布带，赤脚席地而坐，底部平封。整件作品生动传神，意趣十足。

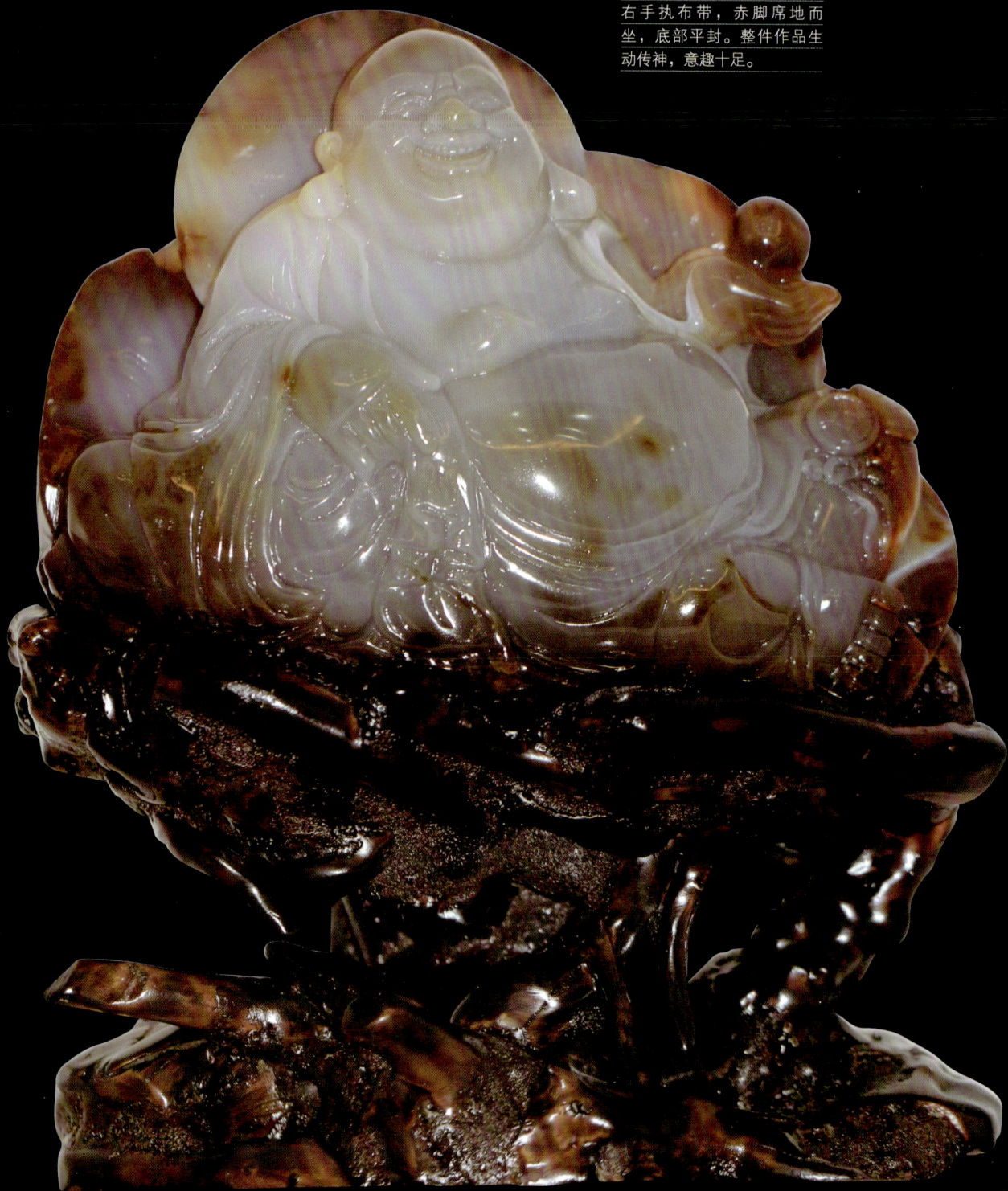

算盘珠手串·战国红玛瑙

尺　寸　直径1.2厘米，22粒

算盘珠手串·南红玛瑙

尺　寸　直径1.2厘米，24粒

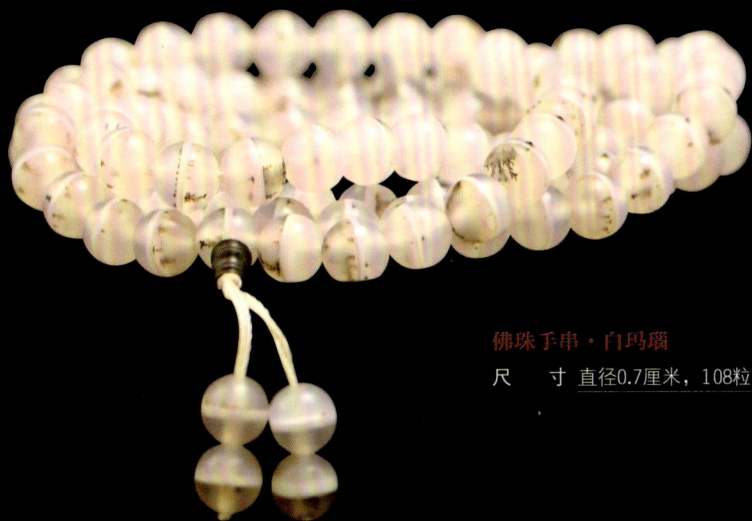

佛珠手串·白玛瑙

尺　寸　直径0.7厘米，108粒

火焰·戈壁玛瑙

尺　寸　18厘米×18厘米

第九章

跟着专家买玛瑙奇石，

洞悉市场选精品

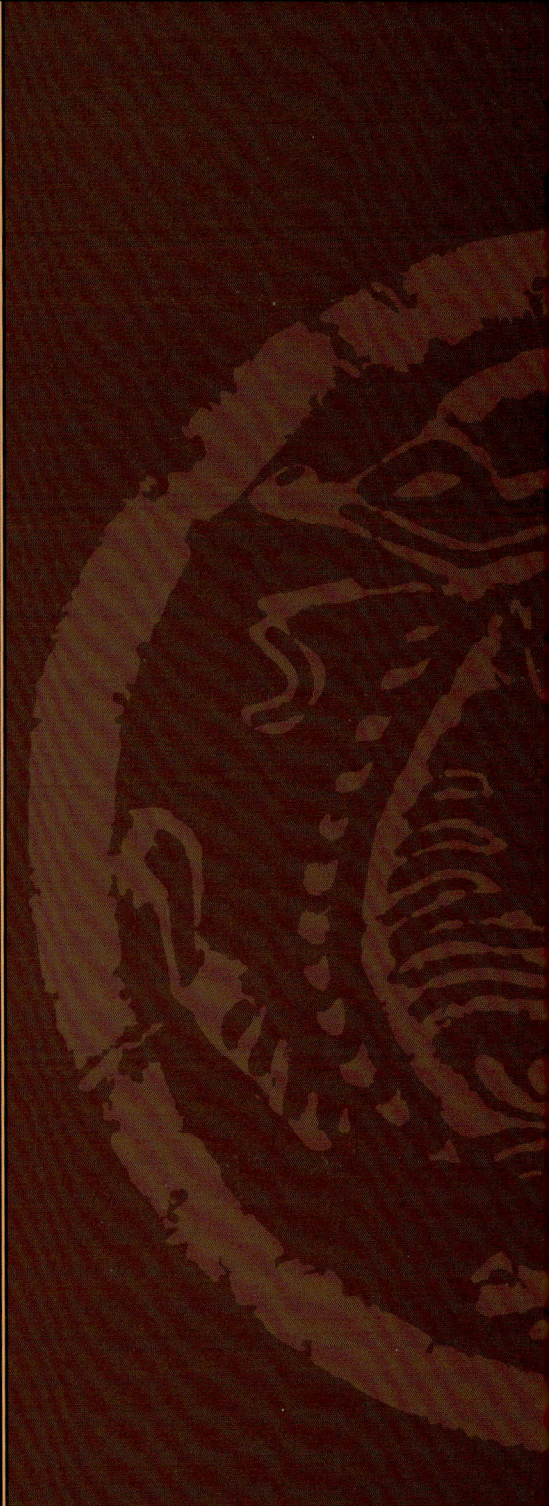

玛瑙奇石的种类

除了作为雕刻品和装饰品外，玛瑙还有很大一部分是作为奇石来欣赏的。玛瑙奇石，也叫玛瑙观赏石，是中国奇石园地中的一大成员，它属于观赏石种类。玛瑙奇石的分类与作为宝玉石的玛瑙分类是有区别的，因为其属于两个圈子：一个为观赏石，一个为宝玉石，但目前有交叉赏玩、跨界发展的情况，逐渐形成了玛瑙观赏石与玛瑙宝玉石雕件两条发展思路。

评定标准

根据中国国土资源部2007年9月颁布实施的《观赏石鉴评标准》对"观赏石"的定义为：在自然界形成且可以采集的，具有观赏价值、收藏价值、科学价值和经济价值的石质艺术品它蕴含了自然奥秘和人文积淀，并以天然的美观性、奇特性和稀有性为其特点。

这个定义并没有将天然形成的观赏石与经过打磨的观赏石分类对待，因此，只要具备上述特性均属观赏石范畴。

奇石分类

按照上述分类，玛瑙奇石主要包括两大类：一类是外形本身奇特的玛瑙象形石，也叫玛瑙造型石，这类奇石的主要特征是具有各种新奇美观的造型，展现的是立体形态美，大多是在各种外力地质作用下形成的；另外一类是经过将表皮打磨后露出内部精美图案或者纹理的玛瑙画面石，也叫玛瑙图案石、玛瑙纹理石。玛瑙画面石的主要特征是有清晰、美丽的各种纹理、层理、斑块，常在石面上构成艺术图案，其形成原因主要与岩石本身的特性有关。

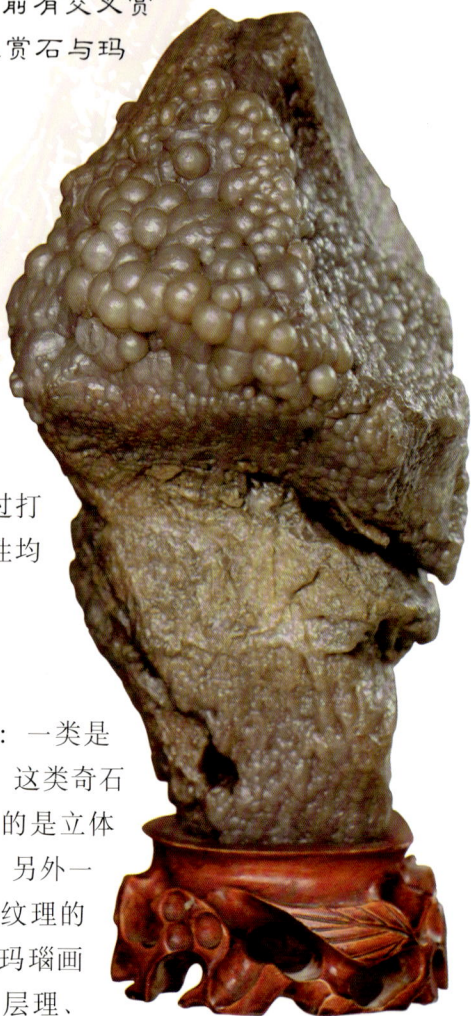

丰硕·葡萄玛瑙

尺　寸　13厘米×16厘米
鉴石要点　玛瑙上部满布大小不一、浑然天成的珠状玛瑙小球，互相堆积，流珠挂玉，犹如一串串葡萄。

玛瑙象形石与画面石的最大区别在于象形石比较有立体感，而画面石则是画面感，二者并不分谁优谁劣，因为它们同属于玛瑙奇石的两个不同种类，不具备可比性。

如果说玛瑙雕刻制品主要展现的是雕刻师刀下的功夫，那么玛瑙奇石就完全是靠石头本身的魅力，它基本不加任何人为的雕饰，完全是凭借大自然的"鬼斧神工"形成了独特的形态与丰富的色彩，展现出一幅幅锦绣万千的画卷，是观赏石界里的奇珍。

沧桑原生态·戈壁玛瑙

尺　　寸　10厘米×15厘米

鉴石要点　玛瑙原石，石上布满了坑洼不平的砂点，充满了沧桑感。

玛瑙奇石的真伪鉴别

因为玛瑙奇石分为形态和图案两大类，所以在鉴别真伪的时候也需要区别对待。以形态为美的玛瑙奇石产地丰富，中国乃至世界各地都有，从发掘到上市流通，基本不加任何人为的雕琢，包括石皮在内一起展现。比如内蒙古和新疆产的戈壁玛瑙就属于此类。玛瑙象形石造假常见的手法有：拼接法、修补法、切割打磨法、酸洗法、熔铸法。与玛瑙象形石相比，玛瑙图案石的造假手法相对较少。一般的造假多是为了增强玛瑙内部图案的逼真或者奇特。

象形石拼接法

拼接法就是用外形与之相似的材料拼接而成，有的是完全用其他材料冒充，有的是在小块的玛瑙石料上拼接其他的材料。鉴别此类玛瑙时，用强光手电仔细观察，其内部会有很明显的裂纹，裂纹处有胶状类的物质充填。

象形石修补法

修补法是将在开采或者运输过程中破坏的玛瑙，经过人工的方法将其重新修补，以增加其观赏度。还有的是为了增大玛瑙的形体，用相同的材料修补成形态较大的造型，以吸引关注度。此类方法在鉴别时也主要是观察其裂纹处，如果是石头本身内部的裂纹，其光泽自然，如果是用胶水黏结而成，则光泽呆板、不自然。另外，要观察玛瑙的纹理是否一致，如果是葡萄玛瑙还要看玛瑙珠是否大小均匀、珠与珠的连接是否协调、包浆是否一致等。

象形石切割打磨法

切割打磨法就是根据理想中的造型对玛瑙原石进行切割打磨，先用电钻、电锯等将玛瑙的外形切割出来，之后再经过精心打磨，让玛瑙的外表纹理变得一致。一些技法高明的造假工匠可以随心所欲地依照原石的自然脉络打磨出非常自然的外形，此类玛瑙很容易以假乱真。

丰收的喜悦·葡萄玛瑙摆件

尺　　寸　42厘米×33厘米×29厘米

鉴石要点　"玛瑙无红一世穷"，比喻玛瑙以红为贵，而葡萄玛瑙主要亮点是"珠圆玉润"。如珠型圆满，质地透润，再加上颜色出彩，那简直是锦上添花，身价高昂了！这件葡萄玛瑙，整体造型饱满，形似累累挂实丰收的葡萄，颗颗光润油亮，粒粒水透饱满，红紫相间，犹如熟透的葡萄只待采摘。热热闹闹的丰收之景跃然石上。

象形石酸洗

酸洗上色法是对一些外表光滑无奇的玛瑙用浓硫酸处理，处理过的玛瑙外表出现坑洞、斑点等，与戈壁玛瑙很类似。上色是为了突出玛瑙的颜色，采用化学原料给玛瑙染色。对于此类玛瑙，在鉴别的时候可用鼻子去闻其味道，由于是经过浓硫酸处理过的，会有刺鼻难闻的气味，而天然玛瑙则没有。

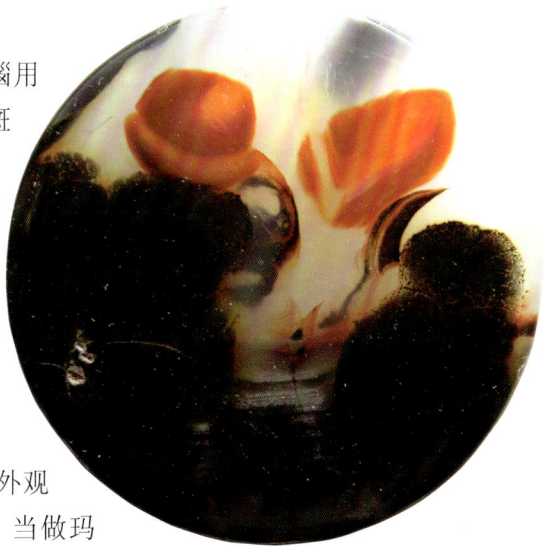

象形石熔铸法

熔铸法是采用现代的冶炼工艺，将与玛瑙外观类似的化学物质冶炼合成为各种奇特造型后，当做玛瑙奇石出售，此类作伪方法在葡萄玛瑙上较为常用。造假者用树脂做原料，先利用真的葡萄玛瑙原石通过翻砂制造出模具，将树脂、矿石粉等物质注入模具经过高温溶解形成铸造件，为了追求酷似，有的甚至采用"金属配重"（将金属物质充填在树脂的内部）的方法，以使其与真玛瑙的重量相仿。熔铸法制造出的"葡萄玛瑙"用肉眼很难识别真伪，只能采取物理检测法，用仪器测其热导系数、折射率等。

鸳鸯贵子·玛瑙奇石

尺　寸　2.8厘米×2.8厘米

鉴石要点　图案造型奇特，就如一对鸳鸯两首相对，头顶两片红色花瓣，艳丽无比。

玛瑙图案石造假法

人造图案大都是些粗糙、呆板的常规图案。色调单一、暗淡、肤浅，无色块边纹，也无渐变色。如市场上卖的两元钱一片的十二生肖等。也有的局部造假，这种造假较难分辩，遇到这种情况一要凭经验，看看色块是否有底纹，另外要借助放大镜等工具看看有无渐变色，值得注意的是，这种造假玛瑙画面石一造就是一大批，单个造假的成本较高。

除了注意上述的作伪方法外，在购买此类奇石的时候还可从价格方面考察。造假者的目的就是为了牟利，而为了尽快销售出去，一般的造假者会编造一些理由把价格定得很低使购买者认为自己是在"捡漏"。所以，如果遇到价格与市场正常行情差别太大的石头就要留个心眼。

清·玛瑙器皿

尺　寸　长16厘米

鉴石要点　玛瑙洗，宽腹圈足，两侧各配一象耳，象鼻下套一圆环，造型简约古朴。

玛瑙奇石的鉴赏准则

奇 石因安置地位的不同，又分为两大类：置放于园林之中的称为"立石"，置放于书斋案几之上称为"供石"。

古代玛瑙奇石的四美标准

著名宋代的书画家、鉴赏家米芾以"瘦、皱、漏、透"4字高度概括了传统赏石的理念和审美标准。

这里的"瘦"指的是石头的形态孤立、俊俏挺拔，很有"骨感"；"皱"指的是石头表面有像衣服褶皱一般的凹凸纹理；"漏"，就是漏洞的意思，石头上面有孔洞，就好像石头的眼睛一般；"透"指的是石上有较大的空洞，能体现出石材的空间透视感。后人在这4个字的基础上还加了一个"丑"字，但这里并不是丑陋的意思，而是指奇石的怪异，与众不同。

现代玛瑙奇石的五美标准

"瘦、皱、漏、透、丑"的赏石标准在过去很长一段时间被赏石界奉为圭臬，现代人在此基础上还总结出了"形、质、色、纹、韵"的审美标准："形"是指奇石的天然外形和点线面组合而成的形状；"质"是指奇石的天然质地、结构、密度、光洁度以及质量、大小等；"色"是指奇石原本具有的天然色彩和光泽；"纹"是指奇石表面的纹理特征；"韵"是指欣赏奇石的外部特征的同时，能够体会出一种形的意境、领悟出奇石的神韵意趣来。

象形极品石的标准

不论是过去的"瘦、皱、漏、透"，还是新时代的"形、质、色、纹、韵"标准，均适合对玛瑙象形石的鉴赏评价。玛瑙象形石最大特点就是象形，比如人物、动物以及器物等。好

金龟·玛瑙奇石

尺　寸 13厘米×11厘米×10厘米

鉴石要点 龟与松、鹤一起，历来被认为是长寿的象征。而金龟，不仅代表长寿，更代表了富贵与权力。"为有云屏无限娇，凤城寒尽怕春宵。无端嫁得金龟婿，辜负香衾事早朝。"这方玛瑙，金银相间，呈自然龟裂纹，如金龟之壳。头部昂起，似春风得意，快乐得不能隐藏，绝妙非常。

的象形石就像是雕塑大家的艺术作品，典雅、大气，非常有立体感。由于奇石讲究天然，象形石更不例外，所以每一方好的象形石都是独一无二的，这也就奠定了它的珍贵性。象形石还必需要求比例合适，貌全、动感、线条勾勒流畅，轮廓显现清晰，造型形神皆备，只有达到上述审美条件者，才可视为极品石。

玛瑙画面石的精美要素

玛瑙画面石是以图案或纹理取胜，好的玛瑙画面石就好比是艺术大师的作品，有的似中国画水墨丹青一般的淡雅，有的如西方油画一般的流光溢彩，美不胜收。

一般来说，精美的天然玛瑙画面石要具备以下几个要素：必须是同一平面或弧面存在妙趣天成的自然画面；画面要完整清晰、构图合理；色彩明快亮丽、反差明显、生动活泼、自然流畅、独特鲜活；画面的主题突出，意境深远。

对于玛瑙画面石来说，显然不适合用"瘦、皱、漏、透"的标准，此类奇石的鉴赏可遵循以下原则：一是天然性与社会观统一。天然性主要是指玛瑙上面的图案、形状、颜色、纹理等均出自天然，没有人为的改动。社会观主要是指玛瑙石上的画面具有求真向善的本质感染力量，有较高的审美价值。二是鲜明性与珍稀性统一。鲜明性是指图案画面的形体突出，如风景画面有山水，人物画面有神态，器物画面有色调等。珍稀性是要求画面珍奇稀少罕见难求，举世无双者最佳。三是内容与形式统一。画面石本身不大，所以表现的内容容量有限，但必须是形神兼备，把自然界的色彩、起伏变化的纹理、若隐若现的形象等都能淋漓尽致地展现出来。

玛瑙奇石的鉴赏标准

关于玛瑙奇石的鉴赏评价目前市场无统

一的标准，在购买或鉴赏的时候，可参考国土资源部颁布的《观赏石鉴评标准》。在这一标准中，象形石的鉴评标准包括形态、意韵、质地、色泽、纹理、命题、配座7个指标，满分为100份，各指标的具体情况为：

1.形态（50分）：造型奇特优美，婀娜多姿，观赏视角好，能以形传神；

2.意韵（10分）：文化内涵丰厚，意境深远，含蓄回味；

3.质地（10分）：韧性大，石肤好或差异风化强；

4.色泽（10分）：总体柔顺协调，或构型不同部位的颜色对比度好；

5.纹理（10分）：自然流畅，曲折变化与整体造型相匹配。

6.命题（5分）：立意新颖，贴切生动，富有文化内涵，具有较强的科学性和文化内涵；

7.配座（5分）：材质优良，工艺精美，烘托主题，造型雅致。

画面石的鉴评标准包括图像、纹理、意韵、质地、色泽、命题、配座7部分，各部分的具体指标为：

1.图像（40分）：图像清晰，画面完整，有整体感；

2.纹理（10分）：清晰自然，曲折有序，花纹别致；

3.意韵（20分）：文化内涵丰厚，意境深远，形神兼各，情景交融；

4.质地（10分）：韧性大，石肤好，光洁细润；

5.色泽（10分）：色泽艳美，协调性好；

6.命题（5分）：立意新颖，贴切生动，富有文化内涵；

7.配座（5分）：材质优良，工艺精美，烘托主题，雅致协调。注：个别石种允许切割、打磨、抛光。

按照上述标准，观赏石的等级分为：特级类，总计评分91～100分；一级类，总计评分81～90分；二级类，总计评分71～80分；三级类，总计评分61～70分。

当然，不管是玛瑙象形石还是玛瑙画面石，其欣赏也会因人而异，所谓"仁者见仁，智者见智"。它涉及到观赏者的想象力、学识经历、欣赏习惯、审美情趣以及社会风尚的不同，会存在欣赏的巨大差异，就如西方谚语："一千个人心中有一千个哈姆雷特"。这也有点类似鲁迅点评《红楼梦》：经学家看到易，道学家看到淫，才子看到缠绵，革命家看到排满，流言家看到宫闱秘事……

但不论何种，玛瑙奇石的真正价值就是其审美价值，欣赏玛瑙奇石最大的乐趣也是一个不断发现的过程，从纹理、图案、色彩、质地等方面慢慢发现其新奇怪异之处，在此过程中更能给观者带来无比的心灵愉悦和满足。

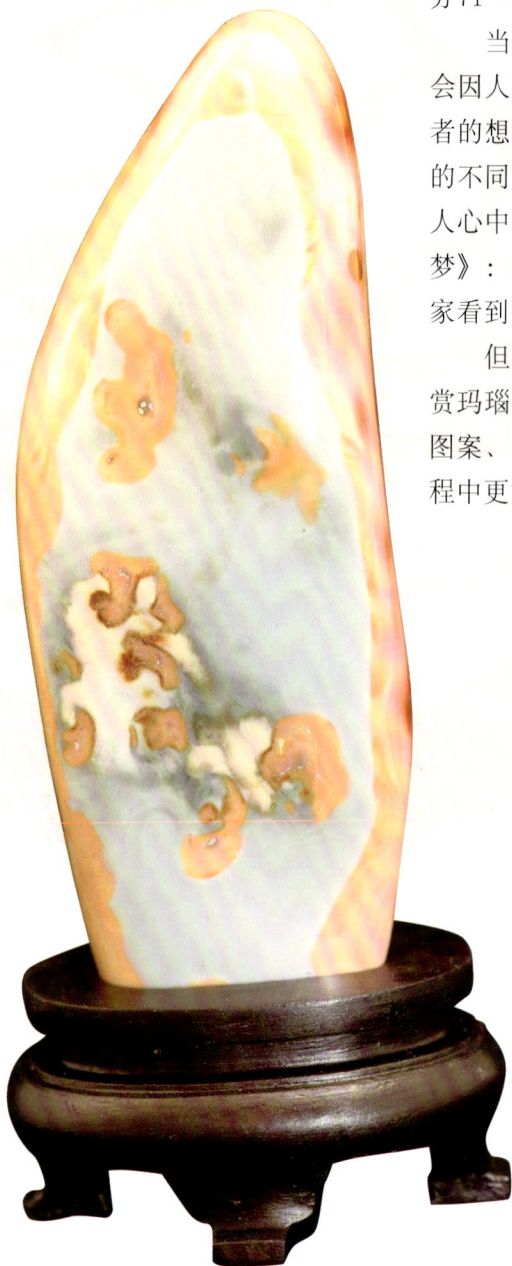

随形摆件·玛瑙

尺　寸　9厘米×16厘米

鉴石要点　玛瑙随形摆件，天然无雕饰，上面有像大酱一样的紫色斑块，属于酱斑玛瑙。

随形摆件·玛瑙

尺　寸　10厘米×22厘米

鉴石要点　未加任何雕饰，自然随形，颜色鲜明，图案造型像湖面上漂浮的落叶一般，轻巧灵动。

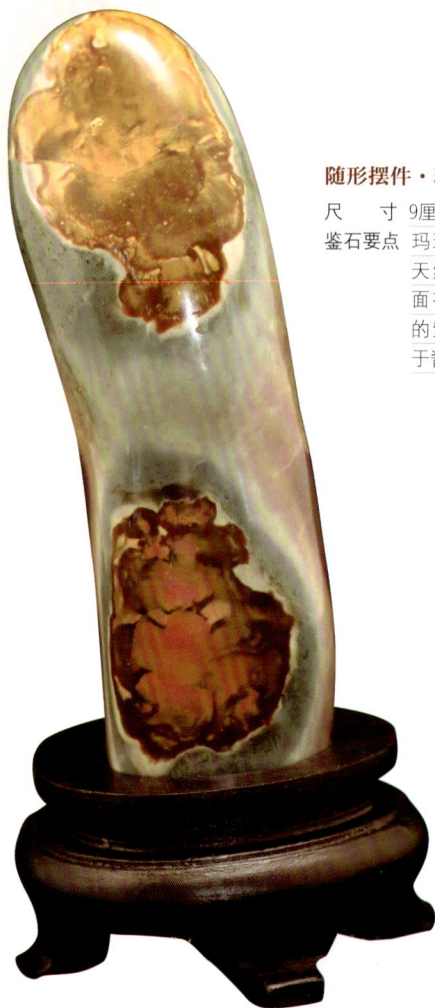

草花随形摆件·战国红玛瑙

尺　寸　9厘米×12厘米

鉴石要点　材质为战国红，内部的图案就
　　　　　像秋季田野里的草花一样，泛
　　　　　出成熟的金黄色。

玛瑙奇石的保养技法

奇石在挖掘、输送的过程中，石肌石肤很容易发生损失。对于较为明显的损伤，可以先用金刚石打磨、修整，之后将石头放置在露天的石架上。石架的材质需要注意不要采用塑料或者钢铁制品，以水泥浇筑的最好，这是因为钢铁容易生锈，塑料容易变质，而这些反过来也会影响石头的外形和内质。除了有伤的奇石，其他奇石刚采集来，也应先在室外放置一段时间，但是切记暴晒。同时，为使风化度均匀，一个月左右应将奇石翻一次面。

水养

玛瑙原石在石架上经受日晒雨淋，养护者要按时浇水，时间一长，石头外表会自然风化、变色，直到整块奇石在质感、色感方面完全达到一致，再迁入室内观赏。

室内养石方法不少，适宜于水盘的奇石一般可以用水养的方式。一两天浇水一次，使它经常保持温润而有生气。不宜一直喷水的奇石应经常用干布擦拭，使其保持整洁。

油养

除了水养，还有一种用油养的，有人认为油养可以保持石之光泽，避免石肤气化、风化。常见的保养油有凡士林、油蜡、上光蜡等。可用绒布蘸蜡、油轻抹轻拭。也有将石蜡化成液体后涂刷奇石的，效果确也显著。

虽然这类物质在短时期内可以使石的质地、色感更为突出，但也相对阻隔了石头的老化，因为油蜡会堵塞石头的毛细孔，妨碍石头呼吸，即妨碍它吸收空气中的养料。

而且，上油后奇石的光泽有一种造作感，过重

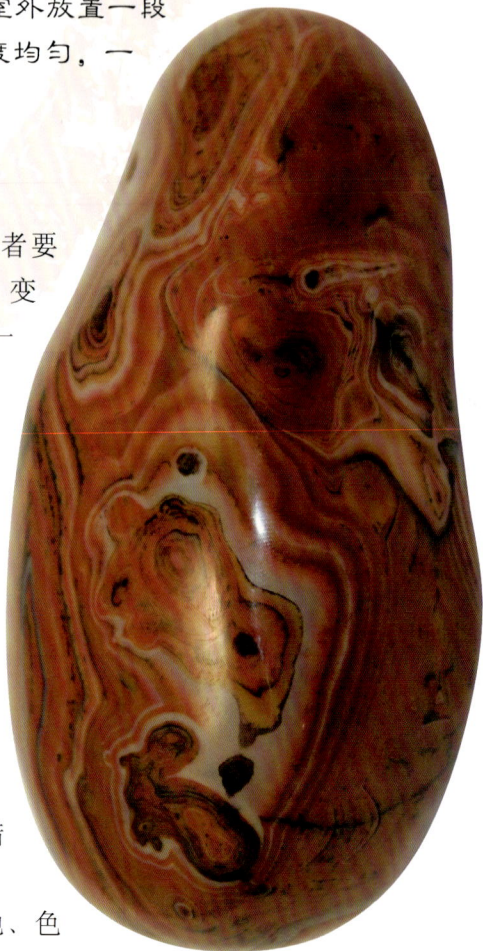

玛瑙随形手把件

尺　寸　7厘米×10.5厘米

鉴石要点　依形打磨，保留了材料本身的心态，辅以天然纹路的浑然一成，勾勒出一幅静谧安逸的享受之态。

红油鸭子·戈壁玛瑙

尺　　寸　8厘米×6厘米

鉴石要点　材质为戈壁玛瑙奇石，外形就如一只烤熟的鸭子，红润鲜嫩，令观者垂涎欲滴。

的油蜡还会产生返潮现象，致使石头表面变得灰白，遮掩了石头的本来面目。

包浆

　　玛瑙奇石的价值高低与其出土流传年份极有关系，时间愈久，石头色泽愈古朴归真，石体会发出成熟的幽光，这种难以确切言传的石表形象，行话称作"包浆"。

　　包浆愈凝重愈好。包浆的形成，最主要的原因当然在于长时期的辗转流传，但与藏主的关心爱护也很有关系。俗话说"养石即养心"，有的藏石家喜欢将质优肤细形美的奇石置于茶桌书案，在喝茶聊天或阅报看电视时以双手抚摩，使手上的油脂通过毛细作用渗入石肤、石体，久而久之，包浆渐起，令人愈加珍爱。

金蟾送宝·戈壁玛瑙

尺　　寸　26厘米×21厘米×22厘米

鉴石要点　周身的皮肤疙疙瘩瘩，斑疣突皱，气定神闲地闭目而蹲，心满意足地打了个呵欠，不经意间却露出了嘴里衔着的串串金钱。富含变化的戈壁石，肌理结构将金蟾的皮肤皱褶，勾勒得清晰到位，而黄白相间的戈壁石，将蟾的腹背渲染得金光灿烂。金蟾送宝的命名，顺理成章。

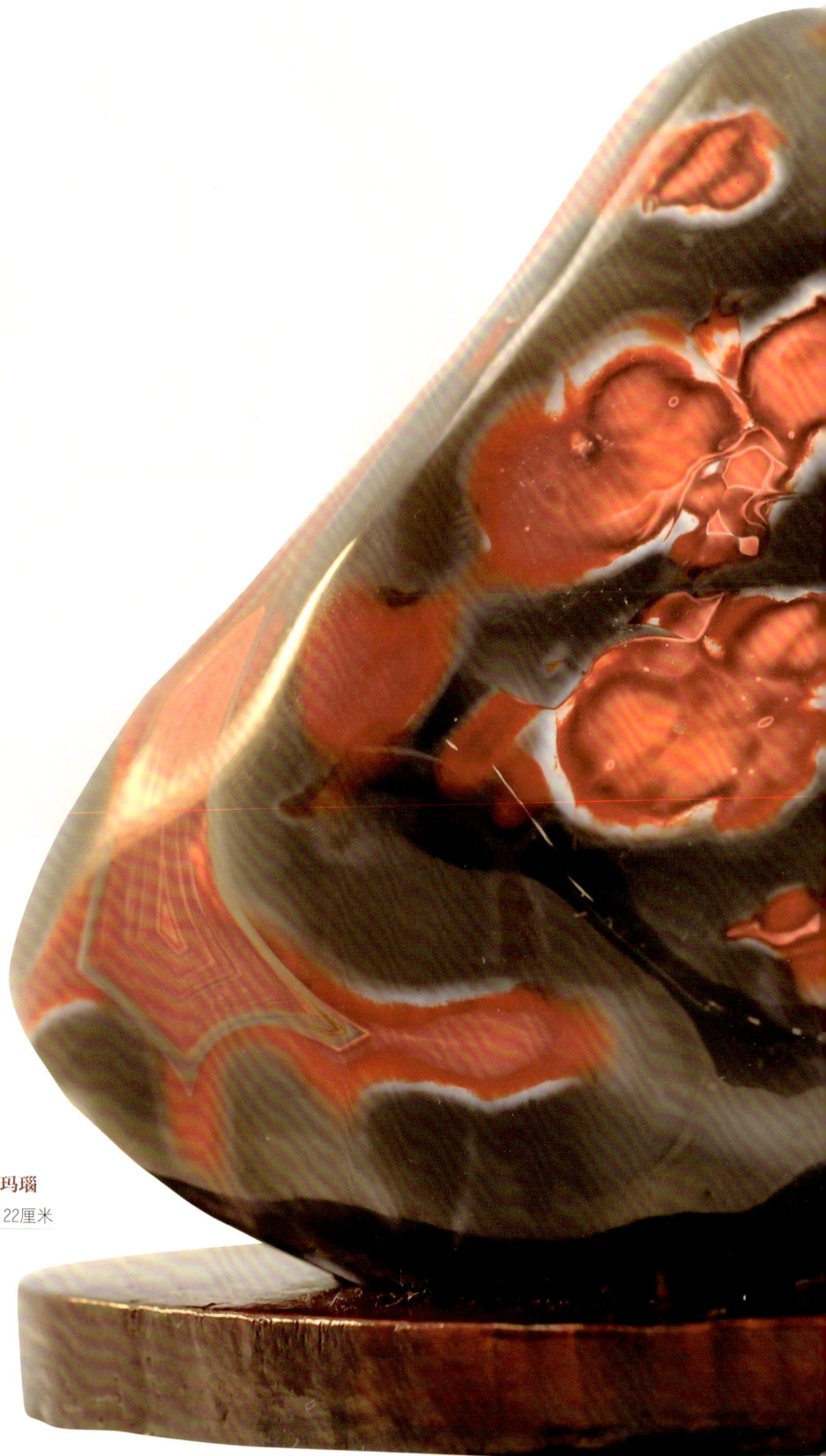

山峰春色随形摆件·戈壁玛瑙
尺　寸　15厘米×15厘米×22厘米

寿星·光板玛瑙

尺　　寸　38厘米×25厘米×58厘米

鉴石要点　产于内蒙古的阿拉善地区，因上面光滑平整，俗称："光板玛瑙"。它是平地的智者，是凡世的神仙。"……试问遐龄知几。从今旋数一千年，待足了、依前数起。"不知经历了多少个千年，前额慢慢凸起，背也悄悄驼了，但仍精神奕奕，健如青松。"紫府真仙，暂谪居尘世。慕道高情，照人清骨，是寿星标志。"

观音·葡萄玛瑙

尺　　寸　21厘米×18厘米×43厘米

鉴石要点　这方玛瑙石，玉面微低观世情，静立天地听世音，就像一尊玛瑙雕塑的南无观世音菩萨，惟妙惟肖。头戴一顶紫叶纽，身穿一领素蓝袍，胸前挂一面攒翠玉的砌香璎珞，生金光，放宝气，真是"瑞霭散缤纷，祥光护法身。九霄华汉里，现出女观音。"

地主仔·葡萄玛瑙

尺　　寸　38厘米×36厘米×18厘米

鉴石要点　外形如一尊很有西域风情的人物雕塑，斜戴着瓜皮帽，身披着溜金袍；凹眼凸鼻，腮帮高鼓。手拈一枚龙眼葡萄，边哼着小曲边吃。令人不由联想到，他是在品尝丰收的喜悦呢，还是在享受收获的甘甜？

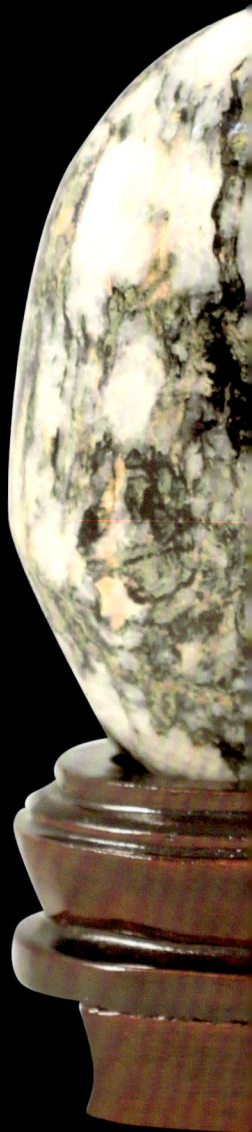

江山如画·风景玛瑙

尺　寸　20厘米×15厘米×6厘米
鉴石要点　天然纯真，色彩饱和，就如一
　　　　　幅壮美的水墨画卷，水流湍
　　　　　急、山石秀丽。

玛瑙奇石陈列配座有讲究

奇石需要陈列出来，才能让人观赏、品味，奇石摆放需要配座，配上好座能提高奇石的观赏价值。目前奇石配座有木质的，有石质的，还有根雕的。奇石陈列也有讲究，一般认为奇石陈列需要古香古色的环境，当然这需要凭自己对奇石的理解来搭配。奇石无论是作为居家摆饰、案头清供、还是参加展览列于厅堂，都会遇到一个如何陈列的问题。奇石配座配的恰当，就会在无形中提高石品的艺术身价；配得不好，石座之间不协调，不成一体，会不同程度的损坏奇石气质。

木座

　　木座是奇石最常见的一种底座。它一方面可以增添奇石的典雅气度；另一方面，奇石底部因不平而无法置稳的缺憾借此也得以弥补。

　　木座的材料以紫檀、红木为上品，黄杨木、柚木、榛木、桉木、枣木也不错。木座的雕制是一种雕刻艺术与镶嵌艺术的结合，尤其是镂底，要做到石头坐上后严丝合缝，纹丝不动，绝非易事。漆以清漆为好，能显出木质天然纹理，且较素朴。

根艺座

　　根艺座也是奇石基座中的上品，多选用杜鹃、黄荆、紫薇等质地坚实、盘根错节的优质灌木根来制作。此类根座的特点是雅致而自然，是石艺珍品的理想根座品种，更能与大自然的鬼斧神工相映成趣。

马达加斯加玛瑙切片挂坠

尺　　寸　7厘米×10.5厘米
鉴石要点　内部图案就如海平面上的一轮圆月，天然纯正，色彩柔和。

板座

板座也是常见的基座品种，多选用优质的樟木、桉木、檀木、栗木等致密质坚的方料加工而成，此类板座的特点是易于加工制作，但不如根座的艺术效果好。多用机械车制的圆形台座和木工精制的架状几座，可大可小，可高可矮，可方可圆，但作为奇石的配座不太协调。车制的圆台座观赏价值不高，次于板座。

有的抽象石、造型石、图案石、色彩石更适宜直接置放于衬板上，其流畅的线条、纹理、色彩更能夺人眼目，其整体美也可完整无遗地得以显现。棘手的问题是如何以最佳位置把它放稳当。这个问题不解决，还得雕制小小的底座。衬板外形也有制成扇形、椭圆、自由曲线形者，但切记应符合石之主题。

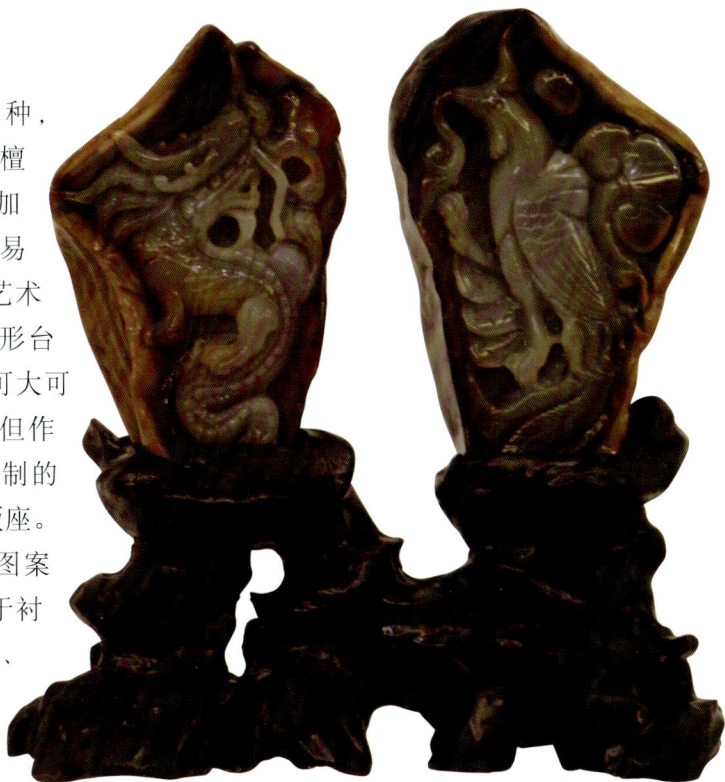

龙凤呈祥摆件·玛瑙（一对）

尺　寸　10厘米×23厘米
鉴石要点　龙矫健威猛，凤柔美多姿，一阴一阳，动静有度，带来一派祥和之气。

石座

石座分天然与雕制两种。天然石座就是将扁平的江河卵石或海滩石置于奇石底部，此法虽简单，但配置相宜却难。雕制的石座，制作步骤及样式与木座略同，只是不需上漆。

一些自然景观石置于水盘中，能更好地体现其意境与气势，能使人联想起海上仙山、江边峻崖。以水盘置奇石还有个好处是养石方便，喷水后还可欣赏石肤润水后的变化之美；喷湿的石头在慢慢变干的过程中，石头的颜色及肌肤由于深浅远近层次的变化，会呈现凹凸变化的氛围，有如山间雾气渐渐消散时的情景，令人心仪。

整体来看，不同的石质需要采取不同的处理方式和摆放，这方面均需要区别对待，不能一种方法一劳永逸，对于初入门者需要多学习，多积累。

记忆·戈壁玛瑙

尺　寸　22厘米×2厘米×12厘米

专题陈列

专题陈列也称主题陈列，即集中陈列有关的系列玛瑙石，以渲染气氛，营造一个特定的环境，通过专题陈列从而达到心灵和艺术品的交流。专题陈列讲究的是视觉上的均衡，专题陈列是用来美化或强化环境视觉效果的、具有观赏价值或文化意义。

专题陈列需要注意的事项：首先，重点突出，主题明确；其次，陈列位置与其他摆件有明显的陈列区别；第三，营造小环境，烘托气氛；第四，专题陈列也可以促进收藏者对相关艺术品的关注和系统的收藏。

专题陈列要主次得当，在摆放的过程中要注意，在诸多陈设品中分出主要陈设及次要陈设，这样不易造成杂乱无章的空间效果，加强空间的层次感，同时要符合人们的欣赏习惯。

蒙古酥油饼·戈壁玛瑙

满汉全席宴·戈壁玛瑙

鉴石要点 均为天然戈壁玛瑙石，未经切割、着色，但都栩栩如生。

玉斗·戈壁玛瑙

尺　　寸　16厘米×25厘米×13厘米

鉴石要点　金钱满堂，玉斗盛珠，富豪之宅，珠光宝气。此件玛瑙，造型神异，绕丝缠云，玉质透亮，壁薄内空，犹如一精巧的玉斗，想当年，玉斗之内，必定盛满卵大的明珠，而如今，玉斗虽在，明珠却无……陶朱石崇富人家，日进万金莫漫夸，而今留得玉斗在，警世惊心总未差。

遍体珠玑·葡萄玛瑙

尺　　寸　20厘米×33厘米×22厘米

鉴石要点　饱满的玉斗状形体略显夸张，顶部两旁似乎长出短短的犄角，上面镶嵌着晶莹的珠玑。斗中的珠粒大而圆润，满满地集聚成堆，面上露出星星翡红，骄傲地展示自己的鲜活亮丽。旁边的玉珠不甘示弱，穿连成串，如水晶葡萄般咕嘟嘟地争相悬挂斗外，它们在等待，等待一只盛珠的玉盘，它们要聆听，聆听落入盘中那叮铛作响，清脆悦耳的声音。

行家这样买天然玛瑙石

投资不打眼的实用宝典

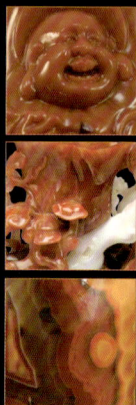

主要参考文献

杨汉臣等：《新疆宝石和玉石》，新疆人民出版社，1985年

周国平：《宝石学》，中国地质大学出版社，1989年

邓燕华：《中国宝玉石矿床》，北京工业大学出版社，1991年

李兆聪：《宝玉石鉴定法》，地质出版社，1991年

郭守国：《珠宝玉石》，上海书店出版社，2001年

国家珠宝玉石质量监督检验中心：《中华人民共和国国家标准GB/16552-2003
珠宝玉石名称》，中国标准出版社，2003年

国家珠宝玉石质量监督检验中心：《国家标准释义》，中国标准出版社，2004年

才文博，田军：《玛瑙的分类》，中国非金属矿工业导刊第2期，2004年

李时珍：《本草纲目》，中国国际广播音像出版社，2006年

张培莉等：《系统宝石学》，地质出版社，2006年

崔文元，吴国忠：《珠宝玉石学GAC教程》，地质出版社，2006年

黄作良：《宝石学》，天津大学出版社，2010年

孙正军：《玛瑙先生谈玛瑙》，羊城晚报出版社，2011年

《鉴石天下》编委会：《行家这样买转运奇石：转运石收藏全知道》，青岛出
版社，2013年